本书是北京外国语大学211三期国际合作项目 "中爱关系研究项目"子课题成果

由爱尔兰外交部"中爱关系研究项目"资助出版

爱尔兰国家广播公司（RTÉ）
2008年度托马斯·戴维斯系列讲座

爱尔兰人与中国

CHINA AND THE IRISH

杰鲁莎·麦科马克 主编

王展鹏　吴文安　等译

王展鹏　校

人民出版社

目 录
Contents

爱尔兰总统玛丽·麦卡利斯的致辞　/ I

译者序言　/ I

第一章　中国镜像中的爱尔兰　　　杰鲁莎·麦科马克　/ I

第二章　帝国龃龉——乾隆皇帝与马戛尔尼伯爵的英国使团
　　　　马啸鸿　/ 13

第三章　清廷爱尔兰人总税务司——罗伯特·赫德爵士在中国
　　　　1854—1908　理查德·奥利里　/ 25

第四章　从馅饼王奥到傅满州——爱尔兰、中国及种族主义
　　　　芬坦·奥图尔　/ 40

第五章　奥斯卡·王尔德笔下的中国哲人　　　杰鲁莎·麦科马
　　　　克　/ 54

第六章　三代罗斯伯爵的中国植物情　布伦丹·帕逊，第七
　　　　代罗斯伯爵　/ 68

第七章　英雄主义与热情——爱尔兰赴华基督使团的先驱　帕特
　　　　里克·科默福德和理查德·奥利里　/ 77

第八章　东西音乐之神会——酋长乐队在中国　陈慧珊　/ 93

第九章　揭开中国的神秘面纱　理查德·巴瑞特　/ 107

第十章　中国的城市规划——大城市及其未来　波琳·伯
　　　　恩　/ 117

第十一章　旅居爱尔兰的中国人　　吕奥达安·麦克·科
　　　　梅克　／128
后记　为纪念中爱建交三十周年而作　　戴克澜　／141

撰稿人简介　／146
本书部分术语中英文对照表　／150

爱尔兰总统玛丽·麦卡利斯的致辞

　　爱尔兰和中国间的关系源远流长而又引人入胜，尽管其中许多内容很久以来还不为大多数人所知。最令人惊讶的并非这一关系年代之久远，而是其内涵如此丰富多样。正如汇集了爱尔兰国家广播公司（RTÉ）托马斯·戴维斯系列讲座的本书所展示的那样，这一关系既包括外交往来、深度商业联系，也包括音乐传统的神会相通；既包括文学上契合交融，也包括异国植物的引进栽种。中国与爱尔兰都曾有过复杂而又动荡的历史经历，都格外珍视自己的历史遗产；近几十年来都经历了从传统生活方式向现代生活方式的转变，实现了巨大的经济进步和繁荣发展，国际合作的规模不断扩大。

　　今年，中爱两国庆祝爱中建交三十周年。编撰、出版本书，回顾两国关系的悠久历史与紧密联系正当其时。两国在这三十年间都取得了长足的进步，至少可以说，我们共同推动了这一进程的一部分。得益于中国经济的繁荣，爱尔兰在华企业蓬勃发展，爱尔兰消费者也从中国制造业的巨大产出中获益良多。同样，爱尔兰也接纳了数以万计的年轻、勤奋、受过良好教育的中国人，他们促成了爱尔兰经济的高速增长，同时也分享了这一增长的成果。过去十年的情况尤其如此。

　　我在 1997 年曾作为贝尔法斯特女王大学副校长访问过中国。2003 年，我有幸以爱尔兰总统的身份对中国进行了国事访问。

在那次成功的访问期间，我说过，我们期待着，不仅将致力于寻求经济繁荣的机会，而且要寻求增进友谊和相互间文化了解的机会。最近的一系列事件表明，高度的相互依赖已成为当今世界的重要特征。展望未来，作为全球共同体的一员，拓宽和加强各国间，包括中爱两国间的相互联系至关重要。这也是爱尔兰国家广播公司出版本书和举办托马斯·戴维斯系列讲座等工作的重要性所在。我希望，随着爱中关系的深入发展，更多的推动两国间联系与交往的努力能够不断涌现。

爱尔兰总统

玛丽·麦卡利斯

2009 年 1 月 16 日

译 者 序 言

王 展 鹏

为迎接 2008 年北京奥运会、2009 年中爱建交三十周年和
2010 年上海世博会，爱尔兰国家广播公司邀请爱尔兰汉学研究
领域的知名学者和长期从事中爱文化、商务交流的著名社会活动
家、记者和企业家以"爱尔兰人与中国"为题举办了托马斯·戴
维斯系列讲座。讲座播出后，在爱尔兰、英国等欧洲国家引起热
烈反响。2009 年，爱尔兰国家广播公司新岛出版社将讲座内容
汇编成《爱尔兰人与中国》一书，出版了本书英文版。爱尔兰总
统麦卡利斯为本书的出版发来了贺信，爱尔兰驻华大使戴克澜为
本书撰写了后记。北京外国语大学爱尔兰研究中心受爱尔兰外交
部委托在华翻译出版本书中文版。

从爱尔兰中国研究的历史看，爱尔兰的小国地位及其与英国
学术出版界因历史原因形成的特殊关系，使之在有关中国的知识
问题的大多数领域扮演了消费者而非制造者的角色，只是在历史
上爱尔兰人与中国交往的一些特定领域出版了一定数量的研究成
果。这一有所为有所不为的研究取向有其历史的合理性，但从总
体上看，在 1979 年两国建交前，爱尔兰学术界有关中国的研究
成果并不多见。

1979 年，中爱建交后，两国关系取得了长足进步。政治关系发展良好，双边贸易额从 515 万美元增加到 2008 年的 70.7 亿美元。爱尔兰在华投资始于 1989 年，目前已有 300 多家公司在中国开展业务，一些中国公司也在爱尔兰设立了办事处或欧洲地区总部。中爱民间交往日益频繁，旅爱中国留学生已超过一万人。两国间的互利合作为爱尔兰中国研究的发展提供了巨大的推动力。20 世纪 80 年代中后期，爱尔兰通过参与欧洲一体化和全球化进程实现了经济起飞，由当时欧盟共体最贫困的成员国上升为按人均 GDP 计算的欧盟第二富国，爱尔兰人开始了以更加开放的心态和更加广阔的国际视野界定自身民族身份的进程。与此同时，中国通过改革开放，国家实力和国际影响日益增强，与爱尔兰的政治、经济、社会交往日趋紧密，为爱尔兰中国研究的发展提供了契机。

《爱尔兰人与中国》一书即是爱尔兰学术界在这一背景下推动中国问题研究的一次积极努力。本书主编杰鲁莎·麦科马克博士是北京外国语大学爱尔兰研究中心客座教授，长期在华任教。全书 11 位作者撰写的文章勾勒了自爱尔兰独立建国前英国殖民统治时期至今，爱尔兰人与中国交往的历史和当代双边文化、商务交流的现状，部分文章也涉及双方思想的相互影响、发展模式的借鉴等内容。其中包括中英外交史上马戛尔尼伯爵觐见乾隆皇帝、担任清朝总税务司的赫德爵士的在华经历、庄子对王尔德思想的影响、双方的音乐、园艺交流、爱尔兰人对中国城市化、商业文化的理解以及爱尔兰中国移民的生活状况等。

通观全书，《爱尔兰人与中国》一书表现出以下几个显著特点。首先，本书不是传统意义上以政治经济关系为主线的外交史著作，而更多的是通过学者的文献研究和当事人的亲身经历对广义的爱尔兰人与中国间的文化、思想、社会联系作出历史叙述，更多的是个人的历史。但无论是历史叙述还是当代问题的讨论，作者始终关注其所反映的宏大时代背景的变迁及其与当代中国和爱尔兰社会的联系。

其次，由于爱尔兰独特的历史文化经历，本书在爱尔兰人身份问题上作了最为宽泛的界定。因而，多篇文章涉及的历史人物（主要是爱尔兰独立建国前的历史人物，如马戛尔尼伯爵、赫德爵士等）既是爱尔兰人也是英国人。尽管如此，作者仍探讨了爱尔兰民族特性或在爱尔兰生活的经历对他们在华活动的影响（例如，赫德爵士担任中国海关总税务司长达 40 年并取得巨大成功的原因、爱尔兰传教士在中国教会本土化过程中发挥的作用等）。

再次，由于爱尔兰特殊的历史经验，其学术研究既有西方主流传统的印记，又有鲜明的特色。爱尔兰人后殖民经历中关于世界与民族、现代与传统、全球化与民族独立及国家建构等命题的思考，使之在看待中国的过程中，表现出既不同于西方大国又不同于第三世界国家的独特视角。例如，奥利里博士提出，赫德的爱尔兰血统是其在中国取得成功的重要原因，爱尔兰民族历史形成的多重身份的复杂性、注重家庭、关系乃至多少有些裙带作风的传统和中国文化中的一些固有元素产生了共鸣。与英国主流话语中居高临下的殖民心态的解读不同，这里的赫德形象不再是一位文明的西方绅士在教化野蛮的东方人，而是更多地以平等的心态融入了中国社会。爱尔兰学者还注意到自 19 世纪中期以来，威廉·罗素、莫洛尼、欣德、柯蒂斯等几任爱尔兰裔爱尔兰圣公会 / 英国国教会主教一直致力于促进中国教会走上独立自治、自我发展的本土化进程，发挥了传统天主教和其他新教教派之间的桥梁作用。爱尔兰自身争取民族独立的经历在这些爱尔兰主教的思想中发挥着潜移默化的影响。爱尔兰历史和文化经历的复杂性使其文化心理中既有昔日大英帝国殖民者的痕迹，又有被压迫民族追求平等的愿望。这也成为爱尔兰中国学探索自身学科身份努力中的一个新取向。

最后，本书作者长期关注中国问题研究或对中爱两国人民交往的历史和现实有切身的感受：其中既有长期致力于中国问题研究的知名学者，也有多年从事中爱文化、商务交流的社会活动家和企业家。文章大多兼具学术性和可读性，既可作为国际关系、爱尔兰／英国研究、海外汉学等领域的参考书，也可供对上述领域感兴趣的一般读者阅读。

可以说，《爱尔兰人与中国》一书是近年来爱尔兰中国研究的集大成之作，将对方兴未艾的爱尔兰中国研究起到承前启后的作用，也昭示了爱尔兰中国研究的良好发展前景。随着中国和平发展历史进程的深入，中国对爱尔兰人而言，重要性日益增强，同时爱尔兰民族在全球化的时代背景下正在经历重新塑造自身身份认同的过程，也需要在两国的深入交往中，通过自身视角，审视中国的历史和现实。因而，正如本书作者所力图揭示的，爱尔兰人对中国的了解将伴随其对自身文化观念和历史经历认知的建构过程而不断深化。

2009 年 7 月爱尔兰外交部设立"中爱关系"研究项目，《爱尔兰人与中国》一书中文本的出版被列为项目子课题之一。在此过程中，爱尔兰驻华大使戴克澜先生和使馆一等秘书何莉（Therese Healy）女士在项目设计、资金支持、版权联系等方面一直对我们的工作提供精神上的鼓励和具体的支持。英文版出版方爱尔兰国家广播公司／新岛出版社为推动中爱关系的发展、促进两国知识界的交流与对话，慨然允诺无偿向人民出版社提供本书中文版的版权。本书主编杰鲁莎·麦科马克教授长期致力于推动北京外国语大学爱尔兰研究中心的发展，特别是在促成这一翻译项目过程中默默地做了大量工作。爱尔兰都柏林切斯特比特图书馆、贝尔法斯特女王大学、美国国家档案馆、第七代罗斯伯爵布伦丹·帕逊先生、圣高隆庞会、伯特·范迪吉克先生、财富控股中国、李昊先生等诸多机构和个人慷慨允诺本书无偿使用其收藏的艺术品或摄影作品的图片。

我们要感谢北京外国语大学英语学院和科研处等管理机构的领导和同事，他们将中爱关系研究项目列入学校 211 三期 II 类项目，对项目的开展提供了诸多支持和帮助。

人民出版社作为国家出版社以推动中爱两国人民的理解和交流为己任，积极支持本书的出版工作。本书责任编辑崔继新先生在本书的选题、编辑等环节做了大量工作。他在专业上眼光敏锐，文字上精益求精，使本书增色不少。

《爱尔兰人与中国》一书涉及时间跨度大，史料内容广，我们有幸有一支热心中爱文化交流、精通中英两种语言的翻译队伍，经过近一年的通力合作，顺利完成了这一翻译项目。本书翻译工作的具体分工如下：

王展鹏（北京外国语大学爱尔兰研究中心）：爱尔兰总统麦卡利斯致辞、第一章、第六章（部分）、第十章、后记，全书审校、定稿

吴文安、尹力静（北京外国语大学爱尔兰研究中心、北京外国语大学英语学院）：第二至五章

庞绪军（北京外国语大学英语学院）：第六章

罗来明（中国国际广播电台）：第七、九章

王荣华（财富控股中国）：第八章

马婧（爱尔兰驻华使馆）：第十一章

伦敦大学陈慧珊博士校阅了第八章的译文，并就部分音乐术语的翻译提出了修改意见。北京外国语大学爱尔兰研究中心的硕士生李善成承担了部分体例统一、修改和编务工作。许多长期关心中爱学术、文化交流的师友和同行为本书的出版提供了许多宝贵的支持和帮助，在此一并致谢。

译者序言

第 一 章
中国镜像中的爱尔兰

杰鲁莎·麦科马克

多年来，爱尔兰人看中国就如同拿反望远镜的观察者那样：视野所及的中国不仅陌生、怪异，而且似乎遥不可及。然而，在一年多的时间里，这一切都已改变。我们不妨认为这一改变始于2008 年 5 月 12 日，一场大地震给中国西南成都附近地区带来了巨大破坏，吞噬了 7 万人的生命。随之永久改变的是爱尔兰人眼中"中国是一个遥不可及的国度"的观念。爱尔兰人对这样的悲剧并不陌生，我们的心已经和中国人民紧密相连，我们关注着那些失去家园、亲属，特别是那些失去唯一子女的人们。

2009 年前后世界经济突然令人震惊地陷于崩溃。这场危机再次证实了建立这一新观念的紧迫性。在探究这一危机发生原因的过程中，爱尔兰人再次深深感受到当今世界国家间的关系如此密不可分：经济法则不再受到国家边界的制约；一国经济的崩溃意味着其他国家也无法独善其身。爱尔兰作为一个规模较小、开放程度较高的经济体正在从这一切中获取实实在在的经验教训。这是一个值得记取的教训——如果它意味着我们开始意识到爱尔兰的未来发展必须是在一个新的全球共同体范围内进行，那么，在这一进程中，中国正在成为我们最有价值的伙伴之一。

　　为什么我们历经如此长久的时间才得到这一认识？原因有二：其一，爱尔兰自 1922 年独立建国以来就主要专注于自己的内部事务；其二，大多数爱尔兰人迄今只是从孤立的海岛小国的经历出发来认识中国的。他们可能已到过比尔城堡的花园，或许只有那时才了解到花园中有多少树木、有多少奇花异草来自中国的。他们或许曾在都柏林切斯特比特图书馆面对玉册和精美的龙袍惊叹不已，但并不知晓乾隆皇帝与爱尔兰之间的联系。或者，他们就在家门口曾遇到过几位中国人，目前，居住在爱尔兰的中国人超过 16 500 人。然而，人们能从这些各式各样的经历中发现怎样的联系呢？他们又能怎样将这些经历联系起来呢？

　　就在不久前，爱尔兰人对于这样一个看来非常遥远的国度还难以产生持久的兴趣。今天，尽管中国的重要性日益增加，中国对我们这些身处爱尔兰的人们而言，还有许多需要了解的东西。当然，鉴于两国间的巨大差异，对它们做简单的比较看起来多少有些荒谬。仅以人口数量而言，中国有 13.4 亿人，这意味着，地球上每五个人中就有一个是中国人。相比较而言，中国一个不大的城市容纳下爱尔兰岛上的六百万人口仍绰绰有余。然而，从世界范围看，中国和爱尔兰又有着惊人的可比性。两国都有悠久的历史，而其中又都不乏动荡的岁月。两国都珍视自己的历史遗产，并努力将其融入今天的实践。两国经过几代人的努力都实现了从传统文化向现代（或许甚至包括后现代）文化的转变。最后，作为实现富裕时间不长的国家，两国都要面对共同的难题，都在寻求自身关于中国人或爱尔兰人身份的定义。

　　中国是一个有着悠久历史的国家。然而，一个世纪以来的动荡促使中国努力探索关于自身及其文化的新模式。同样，我们爱尔兰人正在积极地重新界定自身的身份认同。不久前，我们中的许多人还不愿将北爱尔兰人视为"爱尔兰人"。而如今，北爱尔兰已被纳入"大爱尔兰"的概念，这也促使本书安排了关于马戛尔尼伯爵的章节：他出生于安特里姆郡并在那里长大成人，后来毕业于都柏林的圣三一学院。本书的第二章讲述了马戛尔尼伯爵率领英帝国使团于 1793 年首次朝见乾隆皇帝的经历。罗伯特·赫德（1835—1911）也来自安特里姆郡，在 19 世纪的最后几十年中担任中国总税务司。赫德的非凡之处在于能够在英国和中国上司中左右逢源，同样赢得了信任。在漫长的职业生涯中，赫德将其本民族文化的精华部分引进到中国，特别是他所热爱的音乐。无论从中国文化还是西方文化的视角看，赫德在各个方面都堪称绅士精神的楷模：西方人称赞他在复杂国际事务中展现出的娴熟的外交技巧；而中国人则为他廉洁、正直和彬彬有礼的举止所折服。

重要的是，罗伯特·赫德不仅将自己视为英国人，而且也自视为爱尔兰人。不仅如此，正如理查德·奥利里所说，正是这一爱尔兰人身份使赫德在中国任职时能够如此务实高效。作为爱尔兰人即便在今天仍意味着一个复杂的宿命。在赫德所生活的时代，爱尔兰刚刚开始要求从英国独立出来，情况更是如此。即便赫德自称爱尔兰人，他仍在不同的场合使用过不同的称谓：英格兰人、英国人、北爱尔兰人。

尽管这一例子并不符合任何一种关于爱尔兰身份的单一模式，它却恰恰反映了一种多重认同观，这些认同有时是相互竞争的——这正是爱尔兰身份的特征。在爱尔兰民族发展这一关键性历史时刻，我们的共和国总统如同罗伯特·赫德一样，来自北爱尔兰，是贝尔法斯特女王大学的毕业生，她拥有英国和爱尔兰的双重国籍。也许正是由于这一异常复杂的身份认同感，面对正在形成之中的新的世界秩序，爱尔兰正以有能力、高效率的一员的面貌走进新的世纪。

我们已开始用多重性和开放性来重新定义爱尔兰身份，这一趋势日益明显。二十年前，许多人并不把奥斯卡·王尔德这样的人物视为"我们中的一员",因为他们在"谁是爱尔兰人"的问题上持有一种非常狭隘的观念。在学术界,王尔德关于自己身世的看法以及我们对王尔德本人所作解释的看法都是众说纷纭,莫衷一是。然而,今天,我们不仅将王尔德算作爱尔兰人,而且进一步提出了这样的命题:其爱尔兰身份在他大量借鉴庄子(一位公元前4世纪的激进的中国思想家)思想的过程中发挥了怎样的作用?

然而,关于"爱尔兰身份"的种种旧有的局限依然存在。例如,有人拒绝将世袭贵族和爱尔兰语地区(爱西部主要讲爱尔兰语的地区)居民相提并论,拒绝将他们视为真正的爱尔兰人。时至今日,在爱尔兰持此看法者的数量还有多少?我们只是将这些世袭贵族视为被殖民历史的遗迹而希望加以忘却,还是准备充分利用好比尔城堡的那些美轮美奂的花园,将其视为我们民族遗产的一部分?这些花园是帕逊(也称为罗斯伯爵)家族三代人共同经营的结果。帕逊是爱尔兰最古老的盎格鲁—爱尔兰家族之一,他们将中国的一些奇花异草归类定名,引入爱尔兰。第七代罗斯伯爵布伦丹·帕逊先生在本书中首次披露了这段在很大程度上还不为人们所知的历史。

同样,爱尔兰传教士(包括天主教徒、新教徒)的历史给予我们关于"后天主教"的爱尔兰的新认识又有哪些?我们是否可以这样说,正是爱尔兰传教士准备在中国做出自我牺牲的"英雄主义与热情"及其对殉道者英雄精神的崇拜成为1916年复活节起义的推动力量?他们将传教活动视为爱尔兰过去光荣的复兴,这些是否仍是我们自我认知的一部分?爱尔兰肩负着世界使命,尽管与中世纪初期向欧洲异教国家传播基督教教义相比,今天的使命包含了更广的内涵。

正如上述文章阐明的那样,将这些经历联系在一起的纽带是寻求理解我们与他者(甚至是一个非常陌生的他者)的关系如何能够成为认识自我的新途径。因而，在本书的系列文章中，中国可以起到一面镜鉴爱尔兰的镜子的作用。通过这面镜子，我们可以看到1983年酋长乐队何以能够在访问北京期间事先未经排练就与中国民乐艺术家共同举行了爵士乐即兴演奏会。在该文中，陈慧珊博士将揭示爱尔兰和中国传统音乐表演方面的情况。

然而，如同真实生活中的镜子一样，我们获得的图像并不总是令人愉快的。芬坦·奥图尔的研究表明，19世纪中期在美国的爱尔兰工人对中国同行充满敌意，最终导致1882年《排华法案》出台。受到民粹主义运动的影响，《排华法案》成为美国历史上第一部也是唯一一部获得通过的针对某一特定国家的排斥移民法案。

对于今天新一代中国移民在爱尔兰的境遇而言，这段历史又能给我们怎样的启发呢？目前，一些研究报告表明，大多数在爱尔兰打工的中国留学生认为自己曾经历过某种形式的种族歧视。这些报道又与我们的自我认知存在多大的距离？吕奥达安·麦克·科梅克在其文章中指出，中国移民是全爱尔兰最分散、也是压力最大的新移民群体。从中国移民的经历中，我们是否有勇气自我反思，检讨自身是否正在重复过去种族歧视的历史？只不过这次是发生在我们自己的土地上。

中国的这面镜子反映出，作为一个独立的国家而言，爱尔兰的历史并不长，目前仍在致力于界定自身在世界中的位置。在中国人眼中，爱尔兰是一个小国，政治上奉行中立政策。对许多人而言，我们为赢得独立所进行的斗争象征着与过去的帝国传统决裂。如同中华人民共和国一样，我们也使用共和国的称谓。然而，我们应该注意的是两国对这一称谓有着各自的界定。爱尔兰人的共和国理想源于美国独立战争和其后法国大革命的理念。在我们关于自己国家的定义中包含了自由、平等、民主等关键词汇，这些词语从我们的公共辩论到个人思考无处不在。

第一章 中国镜像中的爱尔兰

然而，在中国，这些重要词语的含义则完全不同，部分原因在于它们在中国的政治传统中还是新事物。例如，中文中的"民主"一词只是在一个世纪前从日本传入的。今天，在中国，对这一概念的独特理解是，民主更多在于通过鼓励政府系统内部的责任机制来实现，即中央政府对人民负责；而代表人民的各级官员则由政府任命，对中央政府负责。

　　那么，在这一背景下，中国作为一个"共和国"有着怎样的含义呢？显然，由于文化传统上存在的显著差异，中华人民共和国的民主实践不可能照搬西方的模式。为了说明这一点，我们不妨看如下实例：加拿大广播公司2005年拍摄的一部关于四川乡村选举的纪录片。片子结尾处是三五成群的村民一边热烈讨论，一边填写选票的场面，而投票站则孤零零地立在那里无人问津。尽管纪录片展示的是一场严格监督之下秩序井然的选举，观看这部片子的西方人仍充满惊讶。在西方，个人投票要严格保密，选举才能生效。但在中国，正如孔夫子所说，社会治理的基础是家庭、宗族、国家等集体组织。正是由于这一认识上的差异，在中国和西方之间经常出现误解。如前文所述，这些差异导致了关于"共和国"内涵的不同理解。与我们将促进代议制民主作为共和国的目标不同，中国政府强调其代表社会集体意志的角色，因而是努力"为人民服务"的。

　　然而，鉴于中国与西方在治理方式和社会组织原则上的差异，双方在关于人性的理解和现代西方思想赋予个人的诸多权利问题上存在差异也就不足为奇了。联合国的所有成员国，包括中国、爱尔兰和美国都被视为1948年该组织通过的《世界人权宣言》（最近举行了该宣言60周年纪念活动）的支持者。然而，在联合国各成员国公开讨论维护人权的问题之前，真正读过该宣言内容的为数不多。

　　那些真正研读过《世界人权宣言》的人将会清楚地看到，该宣言包括两个相互独立的部分。第一部分由宣言的前二十多条构成，这些条款的起草受到启蒙运动原则的影响。平等和自由的思想深深根植于启蒙运动的原则之中，也是现代西方治理观念的核心内容。这些原则包括法律面前人人平等，言论、迁徙、集会自由等权利。而《联合国人权宣言》的后九条则包括获取食品、住房、教育、工作和社会保障等社会、经济和文化权利。其结果是，在关于人权问题的公开辩论中，西方外交官一般认为自己是在讨论前二十条规定的权利，而中国官员则强调其政府致力于实现后九条规定的权利。这样，双方都宣称，自己的国家正在努力实现人权目标，对方正在侵犯人权，而每一方却在引证《人权宣言》的不同条款，其结果犹如聋子间的对话。

中西方代表在人权问题上的自说自话，可能并非总是蓄意为之，而更多的是文化差异所致。对中国人而言，"人权"作为一种基本价值观体现为保证人民获得食物、住房、教育和工作的权利。的确，在过去 60 年中，中国政府为其数量巨大、贫困者占大多数的人口提供了食物、住房、教育和就业，取得了惊人的进步。在西部地区，中国政府采取措施促进当地落后的经济迅速实现现代化，在大学入学和独生子女政策（在占人口大多数的汉族公民中实行该政策）上给予少数民族优惠待遇。

由此观之，可以说，虽然中国政府在向其庞大的人口提供粮食、住房等基本保障方面取得了巨大进展，西方国家并未对此作出恰如其分的积极评价。对许多西方人而言，社会、经济、文化权利不应归入"基本权利"之列，这是一种主观的"希望"或"愿望"。美国前驻联合国大使珍妮·柯克帕特里克女士直言不讳地将社会、经济和文化权利称为"可望不可及的愿望"；而她的继任者也将这些国际公约称为"不过是一个装满模糊的希望和不成熟期待的容器"。

我们不妨将美国精英阶层普遍持有的这一观念与孔子更朴

素、更深刻的思想做一比较。在《论语》8.13 节中，孔子说："邦有道，贫且贱焉，耻也；邦无道，富且贵焉，耻也。"的确，在全球粮食危机日益显现的情况下，对于所有善良的人们而言，当前，《世界人权宣言》后九条应该引起人们的关注。

首先，这一观念上的差异表明，在西方国家中，美国就该问题采取了最极端的立场。如果美国代表这一问题上的不同观点谱系的一端，中国居于另一端，那么爱尔兰又身在何处呢？

从历史因素来看，爱尔兰至少在理论上对联合国人权宣言后九条应和前二十条一样持支持态度。在其遭受殖民统治的大部分时间里，大多数爱尔兰人无法从英国政府手中获得住房、教育机会，甚至得不到温饱。事实上，在爱尔兰历史上的重要事件中，中国学生对大饥荒表现出最大的同情，因为他们自己在 1958 至 1961 年间也有过这样惨痛的经历。然而，当中国人了解到爱尔兰大饥荒中的复杂政治斗争，特别是英国政府对灾难袖手旁观的情况后，他们觉得那是不可思议的。

在我看来，这是因为对于爱尔兰人为何强烈坚持其与英国人间的差异这一问题中国人仍感到困惑不解。长期以来，爱尔兰的民族认同和英国对爱尔兰人的偏见都是建立在存在一个独立的"凯尔特"种族的观念之上的，从而界定了爱尔兰人的种族特性。然而，中国人马上就会提出，爱尔兰人和英国人在外貌上非常相似。今天，他们甚至使用同样的语言。当然，我们都知道，爱尔兰民族认同并不是通过强调种族差异而是强调观念差异实现的，即爱尔兰人与英国人在认知上存在差异。事实上，爱尔兰人的确是不同的。提到这些差异，爱尔兰人会举出自己使用的独特的传统语言（爱尔兰语）、许多传统、习俗和宗教信仰（事实上，是历史上从英格兰传来的"旧教"）。一些人甚至认为，爱尔兰人具有独特而又与众不同的心态和思维方式。

这种差异在汉语世界并不明显，因为用来描述这一独特的观念或心态的词语——种族特性在中国并不为人们普遍接受。生活在中华人民共和国的 55 个左右的文化意义上的少数群体被称为"少数民族"。"民族性"是官方建构的产物，是由政府机构确定的地缘政治概念。因为其隐含之义为，作为"民族性"的体现，这些少数文化应视为更广义的中华民族的一部分。今天，中国的国际影响日益增强，国内爱国主义思潮高涨。北京奥运会、雄心勃勃的航天计划、对发展中国家出口新技术以及最近的上海世博会等活动为爱国主义的发展提供了土壤，推动了爱国主义的发展。通过这些活动，关于"一个新的中国"的说法开始出现。

然而，这个"新的中国"指的是什么呢？在 20 世纪 70 年代，爱尔兰一种流行问答游戏中也常问一个类似问题："真正的爱尔兰在哪里？"人们的回答有些指向东部的都柏林，有些指向西部的康尼马拉 (Connemara)。当时，没有人提到北爱尔兰。然而，尽管历经曲折，爱尔兰人还是走上了重新界定"真正的爱尔兰"的道路，今天，在我们的意识中，无论东部、西部还是南方、北方都是爱尔兰的一部分。

即便我们已经达成了这样的共识，随着过去几十年间来自 150 个不同国家使用近 70 种语言的移民的到来，爱尔兰再次经历了变化。在这些外国移民中，相当一部分来自中国：其中许多人将回到中国，另一些则会留在爱尔兰。他们成为新一代爱尔兰公民的一部分，不仅具有爱尔兰人的身份，而且带有一定的全球公民的特征；他们在谋生的同时，游走于不同文化和文明之间，塑造自己的身份认同。那么，作为爱尔兰人意味着什么呢？他们会把哪里（如果有的话）视为"真正的爱尔兰"呢？正如我们开始接受爱尔兰的不同地区同样都是"真实"的爱尔兰一样，在中国您无需远行就会发现各地区之间的差异。中国的南方、北方、东部、西部各有特色。

中爱文化的共通之处以及由此引发的思考促使我提出了中国

第一章 中国镜像中的爱尔兰

能够从爱尔兰研究项目中获益的看法。我担任客座教授的北京外国语大学是一所规模不大的精英型大学，一直承担为外交部培养外交官的任务。该校已建立起在国内外享有盛誉的美国研究、英国研究、澳大利亚研究和加拿大研究中心。但当时在整个中国还没有多学科、综合性的爱尔兰研究中心。北外英语学院院长孙有中教授在得悉该建议后表现出极大的热情。爱尔兰现任驻华大使戴克澜先生对此做出了十分积极的反应，得到了爱尔兰外交部的大力支持。在该建议提出仅一年时间的 2007 年 3 月，北外成立了爱尔兰研究中心。爱尔兰国立大学梅努斯也积极参与了该中心的筹建工作。

在该中心任教对我而言是一个难忘的经历。尽管一些学生知晓在爱尔兰诞生过多位诺贝尔文学奖得主，听说过大河之舞（在中国引起了热烈反响），但许多人认为爱尔兰仍是英国的一部分。中国公众大多对爱尔兰的人口多寡感到惊讶。一位中国教授在得知爱尔兰全国人口还不及哈尔滨（中国东北城市）时，她一边伸出手像在比量一个婴儿，一边嘟囔道，"太小了！太小了！不会有什么重大问题"。

我对她讲，爱尔兰可能是一个小国，但她同样面临一些重大问题，事实上，也面临一些全球性问题。正是这些问题以及我们解决这些问题的努力使爱尔兰对中国具有独特的价值。在经历了这场突如其来、甚至令人震惊的经济危机后，爱尔兰已成为世界经济复苏的试验场。爱尔兰过去的经济奇迹曾令中国人羡慕不已，而今天他们需要了解爱尔兰人正在付出的代价：一些城市水源受到污染，不能饮用；人们对汽车过分热衷，正在破坏城市乃至农村的景观。在今天中国的城市中，水资源短缺和汽车文化蔓延已几乎成为难以解决的问题。在本书中，波琳·伯恩，一位曾在中国工作过的爱尔兰城市规划师，思考了中国大城市发展中面临的问题。爱尔兰过度开发、巨大的商业压力导致城市贫民被迫迁出中心城区，甚至导致了建筑业成为经济增长的发动机而过度依赖该产业的后果。这些都会对中国有所启发，至少可以提示我们，中国应注意防范草率的城市开发规划带来的风险。

从另一方面看，爱尔兰可能会给中国提供一些积极的启示。在环境领域，爱尔兰已为中国提供了样板：最近，中国也像爱尔兰一样对使用塑料袋征收税费。中国政府甚至建议实行全面禁烟措施，尽管在中国该建议因部分公众的反对而延期实施。如果中国能够效仿爱尔兰的做法，中国百姓的健康状况将得到显著改善。目前，许多中国人已受到糟糕的城市污染的严重影响。就经济政策而言，中国特色的社会主义模式在一些西方人看来，存在过分强调市场自我调节机制作用的倾向。在过去一年左右的时间中，中国领导层的工作重心出现了积极变化，特别是在环境可持续发展方面取得了新进展。在这一进程中，包括爱尔兰在内的欧洲国家的经验仍有一些值得中国借鉴之处。这些经验包括如何减缓经济发展对社会弱势群体（老龄人口、病患、农村人口和失业者）的负面影响。

对中国学生而言，更加直接的启发来自爱尔兰被殖民的历史和争取民族独立的斗争。北外爱尔兰研究中心的学生对爱尔兰大饥荒的经历和被殖民的历史表现出极大兴趣，这些使他们清晰地回忆起本国历史中类似的事件。自 1842 年因鸦片战争租借香港给英国始，中国被迫签订了一系列"屈辱性的条约"。我的许多中国学生头脑中仍牢记着这段屈辱的历史，因而，在我对他们讲述爱尔兰历史的过程中一直避免过分渲染受害者的情绪，因为这种情绪无论在爱尔兰还是在中国往往成为民族主义的推动力量。这种过分强调受害者心态的做法不仅会导致简单化的倾向，而且与爱尔兰历史的复杂性不相符合。在讲授爱尔兰研究课程时，我发现对英国殖民统治时期的爱尔兰历史做实事求是的叙述效果更好：在当时的爱尔兰，爱尔兰人既是管理者，也是受害人；既是

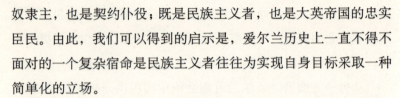

奴隶主，也是契约仆役；既是民族主义者，也是大英帝国的忠实臣民。由此，我们可以得到的启示是，爱尔兰历史上一直不得不面对的一个复杂宿命是民族主义者往往为实现自身目标采取一种简单化的立场。

从以上反思中我们可以清楚地看到，爱尔兰与中国的新关系的复杂性将远远超出单维度的双边交流，双方相互学习的领域十分广阔，尽管两国在人口数量、领土面积、历史经历、文化传统方面存在巨大差异，但都可以相互起到一面镜子的作用，从新鲜、甚至是难解的视角，反思本国文化。尽管这可能是一个令人困惑的经历，但我们必须采取行动，因为中国正在日益成为具有重要世界影响的大国，爱尔兰每天都要与中国打交道。正如企业家理查德·巴瑞特在本书中所说，与中国人打交道绝不仅限于做生意，而是必须了解其文化。在更多领域的两国相互借鉴将是我们未来重点思考的问题。在本书的系列文章（在为托马斯·戴维斯系列讲座撰写的文章基础上结集而成）中，我们的作者都在思考中国与爱尔兰在某一特定领域的联系，以便开辟出了解中国的新途径，同时这也是从新的视角审视我们自身的一种努力。

第 二 章
帝 国 龃 龉
——乾隆皇帝与马戛尔尼伯爵的英国使团

马 啸 鸿

今年的托马斯·戴维斯系列讲座探讨了爱尔兰与中国之间的关系这一"新领域"。但实际上，爱尔兰对中国有所了解已有几个世纪。1298年，马可·波罗记述了他去北京的宫廷觐见忽必烈可汗（1260—1294年在位）的种种经历，在随后一个世纪里，马可·波罗的经历被译成爱尔兰语，比英译本首次出现时间早了约150年。[①]

然而，考虑到本书的主旨，所谓的"历史"要从仅仅两百年前派往中国的另一个开启两国交往历史的使团——马戛尔尼使

[①] 有关 *Leabhar Ser Marco Polo*（《马可·波罗游记》），见 *Book of Mac Carthaigh Riabbach*（或称 *Book of Lismore*，15世纪初编写），摹本，ed.R.A.S.Macalister(Dublin:Stationery Office,1950)，pp.121a1–131b2；ed.Stokes, in *Zeitschrift für Celtische Philologie*,1（Halle/Göttingen 1896–1898），pp.245–273 and pp.362–438，附有翻译和注释词表。近年来，尽管人们对马可·波罗有关中国的描写及忽必烈对他的宠信的可靠性提出怀疑，但几百年来，马可·波罗作为从西方来中国先驱的声望并未磨灭。质疑马可·波罗故事可信性的观点，可参见 Frances Wood,*Did Marco Polo Go to China*?（London:Secker & Warburg）。1597年首次出现《马可·波罗游记》英译本。18世纪晚期，即马可·波罗从中国返回威尼斯500年后，该游记已译成多种欧洲文字，而且依旧被当做关于中国的一个重要文献来源。

团讲起。① 这个阶段呈现出帝国主义、"英国世纪"和所谓国际外交"大博弈"时代的地缘政治特征，纷繁复杂。18世纪后期，爱尔兰因《联合法案》成为大不列颠及爱尔兰联合王国的一部分，臣服于英王乔治三世（1760—1820年在位）的统治。此时，中国处于"外族"（即满族）的统治下，在位的是大清王朝的乾隆皇帝（1736—1795年在位）。

回顾1793年双方第一次建立外交关系的认真尝试，对此，我们今天应该了解什么？谁是第一个来华大使？他是否就是乔治·马戛尔尼伯爵？这位出生于贝尔法斯特，毕业于三一学院的外交官如何获得了这个令人钦仰的职位？背负着"特别笨拙、不善外交"的奚落，带着中国皇帝致乔治国王的敕谕，他又是怎样回到英国宫廷的呢？②

作为一名研究中国艺术史的史学家，我为这一外交事件所吸引，不是因为它的历史，尽管中国和西方都把这段历史发掘出来引以为训，而是因为它作为一个文化交流舞台所蕴涵的信息。在爱尔兰都柏林切斯特比特图书馆中，部分中国藏品，如皇家铜版画、玉册和丝绸龙袍，显示出乾隆皇帝是如何使用视觉艺术和物质文化来确定其臣民和外国大使对他的看法：贤明的圣君抑或勇武之帝。用绘画记录下来的双边外交也至关重要。除切斯特比特

---

① 可参阅文献包括：Helen H.Robbins,*Our First Ambassador to China:An account of the life of George,Earl of Macartney* (London:John Murray) ;Aubrey Singer,*The Lion and the Dragon:The story of the first British embassy to the court of the Emperor Qianlong in Peking,1792-1794* (London:Barrie and Jenkins,1992)；Blas Sierra de la Calle,*China 1793:La Embajada de Lord Macartney*(Valladolid:Museo Oriental,2006)；Robert A.Bickers(ed.),*Ritual and Diplomacy:The Macartney mission to China 1792-1794*(London:British Association for Chinese Studies,1993)。

② 乾隆皇帝给英王乔治三世的敕令收藏在温莎城堡皇家档案馆女王陛下藏品中。有关马戛尔尼的情况，参见 Peter Roebuck (ed.), *Macartney of Lisanoure(1737-1806):Essays in biography* (Belfast:Ulster Historical Foundation,1983),especially ch 7 by L.Cranmer-Byng。

图书馆中关于这一主题的铜版画外，还有马戛尔尼伯爵属下的画作，描绘了他在中国的旅行和拜谒觐见的经历，这些作品大部分保存在大英图书馆。

首先，让我介绍一下马戛尔尼伯爵出使中国的来龙去脉。18世纪中叶，"中国风"，即"中国风尚"和"中式物品"，风行整个欧洲。人们热衷于饮用产自中国的茶；建筑、绘画、家具设计和时装都被"中国风"所征服。连伏尔泰这样举足轻重的人物也对中国很感兴趣，写出了一系列关于中国独特道德和价值观的书。在国际贸易中，商人、经纪，特别是英国东印度公司的商人和经纪，把中国看做世界上尚未开发的最大市场之一。然而，当时对华贸易越来越多地受到清政府的限制，因为清政府对外国人扩大贸易的企图充满戒心。从1760年起，清政府试图控制在华外国商人的数目，把所有贸易限定在遥远的华南口岸——广州。大清律法规定贸易活动必须通过特定的中间人、商行或商业机构进行，这对贸易活动构成了进一步的障碍。这一世纪，随着时间的流逝，中国向英伦三岛出口的茶叶导致其贸易顺差日益增长。因此，东印度公司向英国政府施加压力，借助某种形式的对华贸易，比如向中国出口孟买棉花和孟加拉鸦片等商品，来打开中国市场。

那时，清王朝正处于鼎盛时期，18世纪的中国人对西方国家并未抱有同等的热情。例如，耶稣会自16世纪后期就将西方科学技术同基督教一起传到中国，但和在欧洲的命运一样，它在中国也很快失去了影响力。虽然人们仍然认为西方某些学科的知识（如日历规则）是有用的。但在美术方面，批评者却大多对欧洲绘画采用的阴影和透视技法不以为然，因为按照中国的传统看法，这只能使绘画主题显得死气沉沉。

令人惊奇的是，18世纪却见证了中国皇帝与一位宫廷画家之间的不朽友谊，尽管他们双方都不是真正的汉人。中国皇帝——满人乾隆皇帝是位保守甚至专制的君主。乾隆在位 60 年，历经 18 世纪大部分时间，皇权统治风格多少有点令人生厌。他器重的宫廷艺术家是意大利耶稣会教士、画家郎世宁（本名朱塞佩·伽斯底里奥内，1688—1766 年），他融合了中国绘画材料和欧洲绘画技法，成为混合风格绘画的先驱。那时，郎世宁同满汉宫廷画师合作，创作了中欧混合风格更明显的画作。郎世宁和他们一起为乾隆皇帝创作了很多精妙的肖像画，展现出他皇帝身份下的多重侧面，画作往往带有惊人的写实效果：乾隆帝戎装策马统帅三军 [图 1]，欣然接受中亚使节朝贡的骏马，冥思打坐宛如佛陀，书房中挥毫泼墨自我怡情，新年观看侍臣滑冰，外出围猎。晚年郎世宁的宫廷画作集中展示了乾隆皇帝性格的两个侧面：为帝国开疆拓土的勇武天子，嗜好精妙复杂建筑的艺术赞助人。都柏林切斯特比特图书馆藏有郎世宁的作品，参观画作可加深对以上描述的了解。

切斯特比特图书馆收藏着清代龙袍，尽管其中任何一件很可能都不是乾隆皇帝穿过的，但这些皇家真丝服饰却是清朝宫廷礼仪和社会等级的真实物证。因为所有衣服上都绣有皇家的吉祥标志——龙，一般称之为"龙袍"。黄色丝绸专供制作帝后龙凤袍服，皇宫内用带有等级图案的其他颜色的袍子来区分皇后妃嫔、大总管和太监。朝服因不同季节、祭祀典礼或国家大典而有所不同，它们起着文字的作用，维护清政府专制统治，确定皇帝作为"天子"的近乎于神的地位。

为了让"天命所归"的观念得以延续，并巩固自己的尘世统治地位，乾隆还采取了其他手段来促进国家的繁荣昌盛。作为统治者，乾隆皇帝的公认成就之一是巩固了清朝在中国西部地区的统治。他用兵西部，平息了这些地区长期存在的各种叛乱，使之趋于"安定"。这种 18 世纪开疆拓土的故事将乾隆皇帝表现为满族勇武天子的典型形象，增强了他在满人中的皇权合法性。

在乾隆皇帝首先展开的一系列战役中，其一是"平定"中国西部边陲的"回部"叛乱（1755—1759年）。之后乾隆皇帝下令以郎世宁为首的画师们绘制组画来纪念此次靖边大捷，并展现那些归顺的首领被带至京城朝贡皇帝的情形。乾隆皇帝非常重视这套画卷，命人把画作送到巴黎，由波旁王朝的宫廷雕版家查尔斯-尼古拉斯·科善（1715—1790年）和雅克-菲利普·勒·巴斯（1707—1783年）刻制铜版印刷（1766—1774年）。①

切斯特比特图书馆有这样一套铜版画，名为《平定西域战图》。组画中，郎世宁最成功的画作之一题名《黑水营解围》，由勒·巴斯1771年雕刻[图2]，描绘的是在山地作战的宏大场面。画面描绘了位于喀喇乌苏河（即黑河）的清军营地解除围困时的情形——1758年冬，清军遭到叛军围困。画中，清军在弓箭骑兵的引领下发起冲锋，溃败的敌军急速向右边退却。在一个悬崖前正中处，威风凛凛的清将富德身骑白马，属下簇拥左右，正指挥官兵用几门大炮向敌军侧翼开火。附近躺着骆驼，背负用来运载武器、大炮的木箱。左边，清军工兵加紧重建横跨黑河的木桥，另一个骑兵团正耐心等待渡河。他们背后，军旗和其他各种旗帜飘扬在解困报捷的清军营地。

对中国人而言，疆土的扩大不仅可以彰显国运的昌盛，还有助于皇帝塑造其作为圣明君主的自我形象。乾隆皇帝是如何让臣民钦佩自己知识渊博的呢？在切斯特比特图书馆的藏品中，有十多部乾隆年间的皇家玉册。这是些真正刻在玉石上的书籍。在西域开疆拓土带来的一个好处是，乾隆皇帝这位热衷奇珍异宝的收

① 乾隆皇帝当年要求将所有雕刻铜版和铜版印刷画一起归还中国，但不用说，雕版家们秘密保存了刻版副本，并在后来重新印刷。很可能，乾隆皇帝想以此迂回的方式来向法国国王炫示他的文治武功。但更为可能的解释是，乾隆皇帝提出上述要求是因为他看重隐秘的天性以及出于国家安全的考虑。

藏家可以得到丰富的矿藏，那里产出的是中国最宝贵、最崇尚的物品——玉。大块玉料立即用船运到首都，宫廷"玉作"将它们切割成厚板，然后把皇帝有关深奥学问的言论、御制诗（或者认为是皇帝写的御诗）雕刻其上并镀金。乾隆对自己的一心向学和军事成就常常感到自得，这些玉册就是他炫耀的见证。

郎世宁组画中最后两幅图把我们带回位于中国北方的清王朝政治中心——北京。其中一幅描绘的是属国首领和外国使者到紫禁城朝见天子的盛况。紫禁城是大清帝国的庆典场所、政治中心，也是主要的皇家居所。他们从南侧主门进入，这很容易识别，因为现今游客就在这里购票进入故宫博物院。铜版图上，门楼下列队站立着成百上千人——官员和太监全体出动欢迎鱼贯而入的外国访客；现今，每一天，就在这同一地点，招徕顾客的商人、小贩和导游云集，欢迎中外游客。

在这些关于军事征服的铜版画中，另一个场景对我讲述的这个故事更为重要——如果它确有其事的话。它描绘了一个重要典礼：皇帝亲临早朝，接见觐见的纳贡者和属国来使。这也是中国传统的接见外国人的宫廷礼仪形式，一成不变，以今天的眼光看来不免奇怪。在那时候，中国缺乏在平等基础上接见国外特使的礼仪安排，因为他们认为双方尊卑不同。

与现代欧洲国家不同，在亚洲皇权模式下，皇帝无须同世界舞台上的其他君主一争短长。人们对中国就是宇宙的中心的说法深信不疑，正如它的名字"中国"或"中央王国"暗示的那样。清朝不允许它的臣民离开中国，但欢迎外国人前来接受教化和作为属国纳贡。如果外国人是真诚而来，他们肯定会得到皇帝的恩赐。在中国清政府专制体制和等级制度下，这是不容置疑的世界观。

因此，皇帝行宫图画的中央是一个巨大的圆形帐篷，它是一种非常特殊的觐见大厅，这样的安排可能令人难堪。虽然乾隆皇帝是中国的皇帝，但他来自满族，帐篷显示出其子民起源于欧亚草原上的游牧民族特征。到处都是山：这显然并非都市的景致，而是从北京策马东北，越过长城和北部关隘，一周后到达的蒙古高原。这里是热河，过去称为鞑靼，乾隆皇帝移驾此处躲避酷暑。正是在这里——热河承德宽敞宏伟的御花园，乾隆帝经常设宴接见外国代表团，[①] 其中包括 1793 年来访的马戛尔尼伯爵。马戛尔尼的绘图员威廉·亚历山大没有出席这个宴会，但其根据同僚的描述和切斯特比特图书馆收藏的铜版画，创作了一幅素描。

这幅素描和切斯特比特图书馆的铜版画生动再现了这一系列历史事件：乾隆帝带领一长队官员从左面而来，他坐在由 32 人抬着的步舆上。右侧，外国使者肃立候驾。[②] 画作采用欧洲透视技法，两者之间的空间逐渐变窄，交会至画面后部的远景：官员的长队透迤至大帐之中，在那里，访客将在皇帝面前磕头行礼并奉上贡品。该画作融合了中欧绘画风格，反映了清朝皇家的特征，这种结合具有深刻的内涵。画卷的中心含义是清王朝的世界秩序观以及它维持的等级制度和礼仪制度。

＊　　　　　＊　　　　　＊

这就是英王乔治三世派特使马戛尔尼伯爵前往谈判的世界，其用意是增加英国对华出口并建立外交关系。值得强调指出的是促成这项使命背后的动力：其财政赞助人是东印度公司（简称为"公司"），而当时，中国和现在一样，被认为是世界上未开发的

---

① 这是北京故宫博物院一幅水平卷轴画的主题（编号 Gu6255），该画题名为 1755年《万树园赐宴图》，由郎世宁与其他耶稣会教士宫廷画师共同创作；该画可见于 *China:The three emperors*（London:Royal Academy of Arts，2005），no.76。

② 值得注意的是，在威廉·亚历山大的画作中，马戛尔尼和他的随从似乎站在靠近帐篷的使节队列中。后来在此基础上雕刻的一些版画（比如，J.Fittler，London,1796）中，马戛尔尼和他的侍从在队列前方，站在更尊贵的位置，正对着即将到来的皇帝，可参见 Singer,*The Lion and the Dragon*,pl.9。

巨大市场之一。①

1791 年秋，东印度公司顺利获得英国政府的支持，小威廉·皮特（1759—1806 年）时任首相（1783—1801 年、1804—1806 年在位），亨利·邓达斯（1743—1811 年）任内政大臣。当时，来自安特里姆郡的乔治·马戛尔尼兼具外交官和殖民地管理者的显赫经历，成为担任大使职位的不二人选。作为爱尔兰和英国议会议员，马戛尔尼曾任格林纳达总督和爱尔兰国务大臣。他为人称道的经历还包括出使圣彼得堡，与叶卡捷琳娜女皇（1762—1796 年在位）达成了一项贸易条约。马戛尔尼及其下属、英国政府各部门和东印度公司进行了长时间的磋商，讨论的问题涉及工资、出使条件、出使目的和礼品。马戛尔尼的出使条件之一是册封他为英国伯爵。当英国爵位无法立即安排时，他同意先受封为爱尔兰贵族——德沃克（Dervock）的马戛尔尼伯爵，随后再受封英国伯爵爵位。

700 多人组成的使团舰队于 1792 年 9 月从朴茨茅斯启航。他们将在大约一年后的 1793 年 8 月抵达北京。海军大臣为大使和他的随从提供了英国皇家海军"狮子"号（*HMS lion*），这是一艘装备了 64 门火炮的战列舰，舰长为伊拉斯马斯·高厄爵士。东印度公司准备了它最宽敞、最舒适的交通船只"印度斯坦"号（*Hindostan*，排水量 1300—1400 吨），为皇帝运送礼品；经验丰富、受人尊敬的麦金托什（Mackintosh）船长是东印度公司员工。此外，两艘双桅船，"克拉伦斯"号（*Clarence*）和"豺狼"号（*Jackal*），将在使团通过黄海时加入其中。马戛尔尼掌握遴选

---

① 这句话引自 Joe Studwell, *The China Dream:The elusive quest for the greatest untapped market on earth*（London: Profile Books，2003）一书的副标题。斯图德威尔在该书第10页提到，1743年，那个时代新兴的世界强国——大英帝国与中国外交关系的开端却并不愉快。当时，英国海军准将乔治·安逊（George Anson）与中国广东地方政府发生争执，安逊的船只需要在中国港口维修，他拒绝接受中方支付关税的要求。

这两艘船船长的主要决定权，他个人和随从对这两位船长都很熟悉。马戛尔尼的副手是乔治·斯当东爵士（1737—1801年），如马戛尔尼中途去世，则由他出任特使之职。

使团先绕过好望角，之后穿越印度洋，在通过巽他海峡时受到当地人的盛情款待，最后抵达澳门。来自当地的情报进一步坚定了他们先前关于如何以最佳方式接近皇帝的决定，利用乾隆皇帝80大寿的时机前往祝寿。鉴于此，使团被允许继续乘船由水路前往北京，而不是走陆路横穿整个中国。下一个停靠港口是靠近现今上海的舟山市，东印度公司希望在那里建立一个贸易转口港。使团指定的两位画家，加上随行人员、船员中的几个业余绘画爱好者对沿途许多地点绘制情况草图，作为官方资料记载下来。①

舰队从舟山北上，在山东半岛周围，他们以使团官员和船长的名字命名陆标和岛屿，如马戛尔尼角（Cape Macartney）和高厄角（Cape Gower）。最后，舰队北行至北京东南120英里外的白河口，在那里等待他们的是清朝的接待官员。使团换乘中国驳船，船上的旗帜称他们是属国贡使，马戛尔尼对此视若无睹（尽管事先一些迹象已表明他将受到何种接待）。他们从这里逆流而上，被护送到京城——北京，安顿在皇城西北8英里外、皇家花园圆明园（旧夏宫）的建筑群中。使团两名官方画家——都柏林肖像画画师托马斯·希基（1741—1824年）②和威廉·亚历山大在这里一直呆了几个星期，甚至在马戛尔尼自己迁入城中舒适的

---

① 在这些业余画家中有马克·科尔勋爵，他是洛锡安侯爵之子。他的一些素描画册收在安特里姆郡格莱纳姆的赫克特·麦克唐纳公司(Hector McDonnell)藏品中；科尔的日记保存在格莱纳姆城堡中。

② 希基遗失的马戛尔尼肖像画是为马戛尔尼新册封德沃克的马戛尔尼勋爵（自1792年起？）而作。1796年伦敦的J.豪尔的一幅雕刻画是以该作品为基础完成的。尽管希基是该使团官方艺术家，但显而易见的是，在1792年到1794年间，他创作的素描画为数不多。

居所后也是如此。从城中居所，马戛尔尼被召至热河的承德皇家行宫避暑山庄。山庄地处关外，位于京城东北约 120 英里处。

在大使身边的随员中，亚历山大一个最重要的信息来源一定是巴瑞斯船长，他是一个炮兵军官、优秀的业余绘图员。他和其他人绘制了马戛尔尼觐见皇上的素描，后来亚历山大以这些画稿为基础运用自己的想象创作了关于这一事件的画作。值得注意的是，此画中马戛尔尼向皇帝单腿屈膝行礼，而不是以前画中的叩头。这违背了清朝宫廷标准礼仪，令人吃惊。正常情况下，所有人——包括大使和外国首领——都要匍匐在皇帝面前，用头咚咚撞击地面磕头。实际上，马戛尔尼已获得了特别的恩准［见图3］，詹姆斯·吉尔雷后来用漫画手法记述这一事件的作品），他被允许按照自己谒见英王的方式向皇帝致敬——尽管乾隆皇帝拒绝了马戛尔尼行吻手礼的提议。

作为使节，马戛尔尼的职责是找到办法调整英国在两国贸易中不断增加的逆差，逆差的形成在很大程度上归因于当时饮用茶叶成为时尚。虽然茶叶出口状况令人满意，中国从英国进口的相应商品贸易额（例如羊毛）却不能与之匹配。在亚当·斯密经济学大行其道的新时代，英国东印度公司及其在大英帝国的主人均认为这种贸易失衡事关重大。

事实上，马戛尔尼的外交努力最终是无意义的。使团给中国运来贵重的贸易商品，其中包括科学、光学和电气方面的仪器和设备；他们还带来专家对这些仪器设备进行重新装备和操作。[①]然而，这些精心挑选的物品，在乾隆皇帝看来，不过是些稀奇玩意儿。此外，他还表示，中国并没有从英国进口任何货物的丝毫需要，不过，他在给乔治三世的第二道敕书中写道："念尔国僻

① 关于此问题，可参见，例如，J.L.Cranmer-Byng and Trevor Levere,"A Case Study in Cultural Collision:Scientific apparatus in the Macartney embassy to China 1793", *Annals of Science*, 38(1981) pp.503–525。

居荒远，间隔重瀛，于天朝体制原未谙悉。"①

在写给英王乔治三世的第一道敕书中，乾隆皇帝就已表明了他对这一外国使团及其朝贡礼品的态度："天朝抚有四海，唯励精图治，办理政务，奇珍异宝，并无贵重。尔国王此次赍进各物，念其诚心远献，特谕该管衙门收纳。其实天朝德威远被，万国来王，种种贵重之物，梯航毕集，无所不有。尔之正使等所亲见。然从不贵奇巧，并无更需尔国制办物件。"

看来，甚至马戛尔尼还未登陆时，清朝皇帝就已经做出遣返来使的决定了；同时对使团提出的任何有关扩大贸易和在北京设立英国使馆的要求，也拒绝考虑。皇家的敕书称，之所以拒绝是因为这既无先例，同时考虑到满足这些要求还有诸多困难——不切实际和不方便。今天，许多中国历史学家认为，这一事件使中国错过了进入外部世界的一个机会——年迈的专制统治者及其朝廷缺乏远见，使自己的国家后来遭受了长达一个世纪之久的帝国主义侵略。马戛尔尼出使失败付出的经济代价大多在其后的一个世纪得到补偿。英国企业家发现了另外一种依靠武力出口到中国的毒品：孟加拉鸦片。它对中国社会带来了腐蚀性影响。同时，他们在印度建立了与中国竞争的茶叶生产和贸易基地，这一产业至今仍兴旺发达。

尽管外交途径的努力已经失败，但双方的经济利害关系依然存在。因此，19世纪中叶，大英帝国的海军对中国发动了两次鸦片战争，强迫中国进口鸦片，同时谈判签定了一系列今日仍被称为"不平等条约"的协定。然而，1793年的可考证据显示，乾隆皇帝和他的宫廷顾问们并未意识到自己所拒之门外的事物意味着什么，或者说并未意识到马戛尔尼使团提供的机会——以及

---

① 敕令可参见 Singer, *The Lion and the Dragon*, pl.17 and pp.180–186 (translated by Backhouse and Bland, *Annals and Memoirs of the Court of Peking*)；Cranmer-Byng in *Macartney of Lisanoure, esp.* pp.240–243。

拒绝这一机会的战略性风险。

马戛尔尼带回并递交乔治国王的文件是一项敕书。虽然敕书的口吻经传教士翻译后有所和缓，但其居高临下的语气是不容置疑的。实际上，清政府不理解并轻视国际外交的微妙之处，而英国代表团也不理解年迈的乾隆皇帝统治下的大清帝国的困境。

回国后，尽管马戛尔尼马上面对官方的责难，他出使中国的故事却成为轰动性话题，引起大众的兴趣。使团官员、随行人员撰写的插图版报道和书籍很快印刷面世。尽管马戛尔尼访华期间英法之间战火纷飞，法国人也同样对他出使中国的消息很感兴趣，其法文版也迅速出现。就在这一时期，法国退位皇帝拿破仑·波拿巴（1769—1821 年）曾说过一段有关中国的最简洁的经典评价。1816 年兵败滑铁卢后，拿破仑被放逐到圣赫勒拿岛，人们确信他曾说："中国一旦醒来，世界会为之震动。"

今天，中国正在醒来。随着"中国世纪"的到来，马戛尔尼的出使失败对中西双方都有警示意义：在物质层面和观念层面保持开放、对对方的友好姿态做出积极回应至关重要。建立诚挚关系不仅仅事关商业利益，也意味着要学会去理解文化差异。

第 三 章
清廷爱尔兰人总税务司

——罗伯特·赫德爵士在中国 1854—1908

理查德·奥利里

罗伯特·赫德（中文名为赫鹭宾——译者注）爵士（1835—1911 年）出生于爱尔兰，人们普遍认为他是 19 世纪晚期在中国最有影响力的外国人。作为中国海关总税务司，他在中国清代末期几十年的现代化努力中扮演着关键角色。赫德的任职不同寻常，因为他是一个在中国国家机构中担任总税务司的外国人。他的职位，加上他在中国的近乎永久居留（1854—1908 年），意味着向他咨询的老主顾，既有中国清政府的高官，又有当时外国驻京使馆的官员。

当时海关的功能是调节中国和西方列强的贸易关系，同时为中国政府征税。自 1863 年被任命为总税务司起，赫德花了四十多年逐步建立、完善了中国的海关体系，使之成为中国最重要的官方机构之一。到 19 世纪末，海关每年给清政府带来的收入占其总收入的四分之一。赫德执掌的海关还开展了统计服务，提供商品市场和地方贸易网络的信息，并帮助当时尚属封闭的中国参加国际展览会。另外，在这一时期的中国，海关邮政成为一个现代化的全国性邮政机构，下辖 2700 个邮政局。到 1906 年，赫德管理着 11970 名雇员，其中包括 1345 名外国人。根据中国和西方列强之间达成的一项约定，海关高管几乎都是西方人——正如总税务司本人那样。

1835 年 2 月 20 日，赫德出生于北爱尔兰阿马郡波塔当（Portadown）的一个中产之家，他家经营酿酒、零售和农场等行当，后来搬到唐郡（Co.Down.）的里斯本（Lisburn）。在那里，年轻的赫德在英格兰的学校学习一年，之后他在都柏林的韦斯利教派学校（后来更名为韦斯利学院）继续学业。赫德年仅 15 岁时就进入贝尔法斯特女王大学学习（当时女王大学在爱尔兰有 3 所学院，分别位于贝尔法斯特、科克和高威）。作为一名优秀的学生，赫德于 1853 年获得了文学学士学位。毕业后，他四处求职并愿意到国外工作。由于贝尔法斯特女王大学的成功推荐，赫德于 1854 年担任英国领事馆驻中国翻译。带着 100 英镑的旅费，他启程前往中国。这一年，赫德 19 岁。

赫德最初是在宁波的英领事馆任职，然后调到广州。要知道，在那个时候，西方对中国的了解相对还很少，这一点很重要。在华的西方人很少，他们主要是住在通商口岸的商人以及基督教传教士。直到赫德到来前不久，清政府采取闭关锁国的政策，以免受到西方的影响。

正是由于这个原因，赫德日记具有重大意义，他用日记记载下自己在中国 54 年的大部分岁月。其中一部分日记已被抄录并出版。在这些日记中，赫德和我们分享了他在中国的一些感想、他的职业生涯和个人生活。[1]1854 年的一则日记让我们领略到他在华的个人早期体验：

① Katherine F.Bruner,John K.Fairbank,Richard J.Smith(eds.), *Entering China's Service:Robert Hart's journals,1854–1863* (Cambridge,MA:Council on East Asian Studies,1986) and Richard J.Smith,John K.Fairbank,Katherine F.Bruner (eds.), *Robert Hart and China's Early Modernization:His journals*,1863–1866(Cambridge,MA:Council on East Asian Studies,1991).

1854 年 10 月 23 日星期一

　　我的汉语学习今天上午开始；同一个不会一句英语的男人坐在一起，而你对他的语言同样一无所知，开始时很奇怪。我从他那学到几个物件的名称、两三句话语。他的一些发音让我想起，你对马说话的样子。①

　　为顺利掌握中文，赫德努力学习，目标是口语流利、书面语通顺流畅，同时他也在同中国官员的交往中展示出人情练达的能力。1859 年，他辞去在英国领事馆的职务，在广州正在扩大规模的中国海关任副税务司。显然，身处这样一个公认的政治动荡和行政转型期，赫德却能受益于这一时期的变化。这一点加上他公认的才能、流利的中文，使他在 1863 年被任命为海关总税务司，时年 28 岁。赫德任海关总税务司的职业生涯几乎变成他生命的全部：除了 1866 年和 1878 年的两次休假，他在中国整整度过了接下来生命中的 45 年。

　　1866 年，赫德怀着觅偶成婚的愿望回到爱尔兰。在那里，他同波塔当家中的家庭医生的女儿赫丝特·布莱登（Hester Bredon）结婚。赫丝特随赫德回到中国 [图 4]，生育了三个子女。然而，1882 年赫丝特带着孩子离开了中国，去英国永久定居。直到 24 年后，也就是 1906 年，这对夫妻才再次见面，尽管其间他们继续频繁鸿雁传情，保持友好沟通。

　　在中国，赫德历经 19 世纪 50 年代及 60 年代初期的太平天国起义和若干起外国入侵事件。但最引人注目、最危险的事件是义和团运动：义和团出现于 1898 年，他们暴力排外、反对基督教，导致许多外国人及中国人死于非命。义和团拆毁铁路，最后，所有的电报通信都中断了，北京因此与外部世界隔绝。1900

① 　Bruner et al.(1986),p.65.

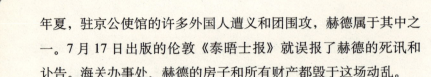

年夏，驻京公使馆的许多外国人遭义和团围攻，赫德属于其中之一。7月17日出版的伦敦《泰晤士报》就误报了赫德的死讯和讣告。海关办事处、赫德的房子和所有财产都毁于这场动乱。

同年西方进行军事干预，义和团遭到镇压，但直到1908年赫德才能恢复在海关总署的工作。到他退休时，赫德已得到中国政府（其雇主）和西方各国政府授予的许多荣誉。这些荣誉包括：

"花翎"（1885年）、"三代正一品封典"（1889年）——颁自中国；

"圣米迦勒及圣乔治爵级司令勋章"（KCMG，1882年）、"圣米迦勒及圣乔治爵级大十字勋章"（GCMG，1889年）和"男爵"（1893年）——颁自英国；

荣誉军团勋章大军官勋位（1885年）——颁自法国；

罗马教皇庇护九世指挥官勋章（1885年）（对于作为北爱尔兰新教徒的赫德，这可是相当的成就！）——颁自罗马教廷。

这些奖项反映出赫德曾为中西方之间的沟通做了很多工作。因为作为总税务司赫德拥有巨大的权力和影响力，他往往代表中国与欧美国家谈判。19世纪，随着贸易的加强和国际交往的扩大，涌现出包括一批重要外交官、商人、银行家、记者和学者在内的国际精英群体。有人认为，赫德的作用就是充当国际精英联络网的联结枢纽。[1] 其他历史学家如此评价赫德："19世纪的中国，没有一个外国人比赫德的影响力更持久，也没有一个外国人能像赫德那样，在中国享有如此的信任。"[2] 中国官员会不时向他咨询

① Hans Van de Ven,"Robert Hart and Gustav Detring during the Boxer Rebellion", *Modern Asian Studies*, 40(2006),3, p.633.

② Bruner et al.(1986),p.325.

关于财政问题、铁路、外交和国防方面的建议。这不免使人产生了一个疑问：是什么品质和经验使赫德在中国与西方官员间如此长袖善舞、左右逢源？

《赫德日记》的编辑布鲁纳、费正清和司马富提到，由于赫德能够在中国文化及行为预期之中通权达变，因而，取得了他们所谓的"双元文化成就"，从而能够跨越各文化间的隔阂，赢得中国上司的信任。在赫德身上，他们发现了一些文化敏感的特征，而这一点在中国通商口岸的外国商人中是不多见的。赫德对文化差异有着敏锐的观察力：他非常重视中国的礼仪、礼貌规则。另一位评论家则强调赫德与总理衙门（清朝外交部）高级官员之间成功建立了互惠互利的个人关系，其中包括恭亲王（1833—1898 年）。①

如果更仔细观察赫德的私生活，我们会发现他甚至与中国人关系暧昧。1857 年至大约 1864 年间，赫德同一个中国女人阿姚（Ayaou，音译）有男女私情，并生了三个孩子。这种关系——西方男人养一个中国情妇——在 19 世纪中叶司空见惯（当时在中国几乎没有可充当伴侣的西方妇女）。1866 年，赫德和阿姚了结了这一关系。阿姚收到 3 000 美元的馈赠，把孩子交给赫德的代理人，之后嫁给了一个中国人。孩子们——安娜、赫伯特和阿瑟——被送往英国，在那里已做好安排，由赫德的律师照顾孩子们的生活，孩子们的名分则是赫德的养子女。赫德为他们提供经济保障，尽管他再也没有看过他们。两位女学者对这一问题进行过探讨，她们认为：赫德对养子女很好，但他也很理性，决心防止这种感情给他带来任何妨碍——无论对他后来同赫丝特的再

---

① Richard Horowitz,"Politics,Power and the Chinese Martime Customs:The Qing Restoration and the ascent of Robert Hart", *Modern Asian Studies*, 40(2006),3, p.588.

婚，还是对他的海关职业生涯。①《赫德日记》的编辑们认为："按照当时的标准，这种做法已是极为慷慨，"因为"许多西方人完全忽视、遗弃这类儿童"。②

那么，赫德的西方背景同他在中国的事业有何关联呢？伦敦《泰晤士报》（1900年7月17日）误登了他的讣告，在讣告中，赫德在海关的工作被形容为"有史以来任何一个作为个体的英国人用其天才和劳动创造的不朽业绩中，最突出的不朽功业"。赫德在这里被称为英国人，尽管爱尔兰出生的赫德在英国待的时间很短——一年的寄宿学校生活、1866年和1878年的两次短暂往返欧洲与英伦的旅行。与之相对照的是，他在爱尔兰的时间长达18年，主要生活在北爱尔兰。爱尔兰读者对这类爱尔兰出生的"新英国人"已习以为常（当然，公正地说，赫德所在的北爱尔兰地区在当时和现在都是联合王国的一部分。即便现在，赫德也大概会在一开始把自己当做英国公民）。也许更为重要的是，赫德根据不同的场合，称自己为英国人、爱尔兰人、北爱尔兰人，有时甚至是英格兰人。这种微妙的差别在爱尔兰是意味深长的，尽管对中国人来说很难领会其中的深意。当然，当时他们主要只需区分开中国人和外国人即可。

爱尔兰出生的雇员被中国海关（正确地）以英国公民身份记录在案。此外，赫德自己使用"英国人"和"英格兰人"这样的字眼时，也并非总是前后一致。有时候，他用"英格兰人"指代英国政府。在以下他给海关驻英代表金登干（James Campbell）的信件摘录中，这是显而易见的，他乐于为英国效劳的政治倾向

---

① Lan Li and Deirdre Wildy,"A New Discovery and its Significance: The statutory declarations made by Sir Robert Hart concerning his secret domestic life in nineteenth-century China," *Journal of the Hong Kong Branch of the Royal Asiatic Society* (2003),43, p.84.

② Smith et al.(1991), p.363.

也闪烁在信件的字里行间：

> 你知道，最近 25 年我一直试图努力，中国陆军和海军的职位——如果英格兰人不能得到这些任命的话，至少不能使之落入可能对英国利益产生不利影响的人手中，那样的话，长远看来可能对中国有害。①

在这里，我们注意到，他并不认为英格兰（或英国）和中国的利益相冲突。这很重要，因为人们对赫德的是非功过有不同的评价——有人坚持辩称赫德帮助了中国，有人则宣称赫德是为英帝国主义服务的。赫德自己则真正相信，英国和清朝的利益在许多领域都是一致的。

有时，赫德在评论英格兰人时，也在反思、自省。这表明他在文化上并不完全属于这个群体。1893 年他给金登干（另一位英国人）的信中写道：

> 我不赞成雇用任何有经验的英国人手：他们不好打交道，性格不像印度人那么柔韧，要想成功必须研究和考虑当地的需求与条件。我们的同胞太局限、太守旧、太褊狭！②

正如这些评论所说，赫德对自由的世界主义颇为向往。他还能够超越自己狭隘的岛国地理环境和社会出身的影响。出生于爱尔兰的边缘性地位、中产阶级背景和非国教徒的宗教信仰，所有

---

① 1884年 4 月 7日第473号信。John K.Fairbank,Katherine F.Bruner and Elizabeth Matheson (eds.),*The I.G in Peking:Letters of Robert Hart,Chinese Maritime Customs,1868—1907*,2 volumes (Cambridge, MA:Harvard University Press,1975).

② Fairbank,et al., 1893年 12 月 13日第 913号信。

这些都使他身处英国国教徒组成的上层统治阶层之外。这些因素可能磨炼了他的文化敏感和通融迁就的能力。

汉学家史景迁强调了赫德立场的模棱两可。例如，他不得不为自己辩护，因为一些商人，甚至领事，批评他重视中国的利益甚于英国利益，尽管与此同时，他也要忍受中国人对他的相反质疑 [见图 5].① 史景迁认为，赫德经常流露出返回家园的意愿，这是为了明确自己的身份。无论如何，他并非出生于英格兰，这一事实可能使这些他到底忠诚于谁的争论更加复杂。在中国，赫德记得并庆祝英国女王的生日、爱尔兰国庆日圣帕特里克节以及北爱尔兰 7 月 12 日的新教假日。当然，有人可能会说，赫德在爱尔兰生活的时代，拥有英国和爱尔兰的多重身份比 19 世纪晚期和 20 世纪要容易。在后一时期，爱尔兰和后来的北爱尔兰都存在激烈的政治冲突，导致了英国身份和爱尔兰身份更加对立。

我们修正关于赫德纯粹英国人身份的误解，可能是希望把他当做被遗忘的爱尔兰人重新介绍给世人。在他的日记内容和信件中，赫德经常提到他的乌尔斯特或爱尔兰血统及身份。斯坦利·赖特是赫德传记的主笔，赖特认为赫德一生以爱尔兰血统为荣，同时赫德本人也看到了其多重身份之间的细小冲突。②

赫德在自己的日记中多次提及其爱尔兰身份。在中国的第一年，他写道：“我是个爱尔兰人——十足的爱尔兰佬，”尽管他补充说，“然而，我没有发出一声叹息就离开了自己的故土……”③他在另一则早期日记中写道：“在这里，我想起了家、朋友、熟人和‘祖国’(Fatherland)，或者一些人喜欢说的‘祖国母亲’

① Jonathan Spance,*To Change China:Western advisers in China* (Harmondsworth: Penguin,1969, 2002 edition),p.120.

② Stanley Wright,*Hart and the Chinese Customs* (Belfast:Mullan and Son,1950),p.173.

③ 1854年 10月 5日，Bruner et al *Journals,1854–1863*.

（Mother Country）。对所有中产阶级来说，这时是喝茶时间：在整个'老爱尔兰'（Ould Ireland），这时是快乐的时刻。"① 值得注意的是，他在这里强调怀念朋友和熟人，而不是故土，这点颇为惹人争议。

而且，赫德给他在中国的爱尔兰同伴和同事帕特里克·J.休斯写信，信中说：

> 在这些"为什么，我身处何方"的日子里，我奇怪你怎会有这种感觉：在圣帕特里克节，我会理所当然地按照正统的爱尔兰方式来浸湿我的三叶苜蓿（三叶苜蓿是圣帕特里克节代表性的象征）。人们期望你我这样浪迹海外的爱尔兰佬会保留着优良的民族旧俗，这是肯定的，但"真羞愧"，我把所有关于圣帕特里克节的事给忘了……完完全全想不起来了。②

有时，当赫德遇到其他爱尔兰人，他就在日记或信件中特别提到他们共同的爱尔兰特征，而他同英格兰人接触则不会如此。还有人说，他用汉语交谈时带有爱尔兰口音。

此外，有据可查的是，赫德毕生都定期同他的家人和其他爱尔兰亲友通信。他同母校贝尔法斯特女王大学的联系长达一生、尤为紧密。1911年赫德去世时，他的妻子给女王大学校长写信说："他热爱女王大学，并对女王大学很关心，这种热爱仅次于他对中国公职的热爱；他觉得自己的人生是从女王大学起步

---

① 1854年10月31日，Bruner et al.。

② 1855年5月9日给休斯的信，包括1855年5月7日的日记记载，Bruner et al.。我们得知，他在1888年用爱尔兰庇护神的名字命名自己的小马为"圣·帕特里克"。

的。"[1] 即使毕业9年后,他对女王大学的关心在中国日记的字里行间也是一目了然,日记写道:"布朗和沃特斯与我晚上一起用餐,我们闲聊了贝尔法斯特女王大学和大学里的人。"[2] 毕业26年后,赫德捐赠一笔款项感谢一位他以前的教授。1882年女王大学授予赫德名誉法学博士学位。赫德从中国退休后,女王大学聘他为副校长(1908—1911年),他对大学的眷恋就更显露无遗了。

赫德从未忘记或错过与爱尔兰的联系,他回顾道:"我想,所有远离家乡在异国土地上工作的人都是一样的:我们永远不会忘怀,一种声音或一种气味都让人想起儿时岁月以及温馨家园的所有一切。"[3] 然而,我们也应当留意赫德爱尔兰身份的局限性。确定无疑的是,赫德有时形容自己是爱尔兰人,正如他有时谈及自己是英国人、北爱尔兰人,有时甚至是英格兰人。事实上可以说,赫德身份的多重性表明,甚至在他来到中国之前,他已有多种文化融合的经历(有人推测他在中国实现了自称的"二元文化特性")。显然,对中华文化的吸收更加丰富了他的文化涵养。但问题是,我们无法把赫德看做一个单一文化背景的人,而且他最终融合到"中国"文化中去了。从上文可清楚看出,赫德从来不是来自单一文化的,也从来没有自认为如此。

这也可以说,赫德明确认识到,至少在某种特定类型的文化交往中,自己文化背景中的爱尔兰维度是可有效利用的事物。"中国尊重有酒量的人,"他写道,"如果当时知道这一点,我一定会让他们大吃一惊。谁敢吹嘘,在这方面有能胜过爱尔兰人的?"[4] 但应该补充的是,赫德年轻时是卫理会信徒,联想到他的信仰,他参加的这种以饮酒为乐的交际活动早就受到节制了。

---

① Wright, p.178.

② 1863年7月12日, Bruner et al.*Journals*,1854—1863.

③ Wright, p.167.

④ 1854年10月21日, Bruner et al.*Journals*,1854—1863.

另外，值得关注的是，赫德与其他爱尔兰出生的重要在华人士是否建立了密切的关系。在此期间，对中国具有重大影响的其他爱尔兰人包括：朱迩典爵士（原名约翰·纽厄尔·乔丹爵士，1852—1925年）和戾臣爵士（原名托马斯·杰克逊爵士，1841—1915年）。朱迩典的职业生涯与赫德颇有相似之处：生于乌尔斯特，1873年毕业于女王大学，三年后进入英国领事馆，在中国担任见习口译员，1891年升为中文书记长。戾臣和赫德一样，来自阿马郡，后来发达为汇丰银行的司理，中国海关、赫德个人都在汇丰银行办理业务。他们共有的乌尔斯特和爱尔兰背景，至少可能使赫德、朱迩典、英国政府之间的交流毫无困难，对赫德、戾臣和汇丰银行而言也一样。①

还有一些其他有关赫德在中国的爱尔兰人脉的例子可能更为重要。1885年，因缅甸问题，英法两国和中国外交关系紧张，中英两国政府都向赫德咨询意见，因而，他充当了某种形式的调解人的角色。在紧张的磋商期间，赫德几乎每天同英国驻华全权公使欧格讷在北京会见，赫德还定期与印度总督达弗林勋爵沟通此事。在中英两国政府的微妙谈判中，这三人都是爱尔兰血统，发挥了举足轻重的作用。欧格讷1843年出生于罗斯康芒郡（County Roscommon）。达弗林则来自乌尔斯特唐郡布莱克伍德家族，并继承了爱尔兰贵族身份。

缅甸危机时，赫德在给金登干的信中评论说：

> 刚从中法战争中脱身，又有中英缅甸纠纷需要处理。我宁愿不卷入此事……但亲王……请求我促成双方达成友好的谅解，同时避免官方渠道解决可能出现的正式决裂的危险。

---

① 有关这些在华出生的爱尔兰人的详细情况，可参见 Richard O'Leary, "Robert Hart in China: The significance of his Irish roots", *Modern Asian Studies*, 40(2006)3。

幸运的是，欧格讷和我是好朋友。①

赫德如同自己的爱尔兰同胞欧格讷与达弗林一样都认为，英国的统治可以确保经济和政治发展；这显然影响了他有关政府的看法，无论在中国还是在爱尔兰都是如此。赫德反对爱尔兰民族主义，理由是英国统治对爱尔兰有利。同样，他认为由英国人来帮助治理中国对中国有利。这里还有一个实例，我们可以借此说明，在当时的大不列颠及爱尔兰联合王国内部，出生于爱尔兰的公民和出生于英格兰的公民之间存在的差别。作为一个英格兰人，英国在自己国家的统治不成问题，他无需为此辩护。然而，在爱尔兰，英国的统治则饱受争议——爱尔兰人中的少数派支持英国维持其在爱尔兰的统治地位，赫德就是其中一员。这一立场可能使赫德以及支持英国的在华爱尔兰人能够更好地理解英国政府批评者的立场并与之展开论战。

在爱尔兰自治问题上，赫德如同北爱尔兰的大多数新教徒一样，反对爱尔兰自治法案，但他仍坚持自己的双重身份认同，认为自己既是北爱尔兰人又是爱尔兰人。这一点在1909年赫德写给伦敦乌尔斯特人协会的一封信中表现得尤为明显。在信中，赫德感谢他们在宴会中把自己列为座上宾。他随后写道：

> 非常干练的中外国际化员工成为我的优秀副手，听候调遣，其中，爱尔兰雇员来自爱尔兰各地区，还有几位北爱尔兰人，他们总是令自己的长官满意，这得归功于养育他们的那片土地——我们所有人热爱的爱尔兰。②

---

① 1885年11月1日第544号信，Fairbank et al., *The I.G.in Peking*.
② 1909年6月22日赫德致伦敦乌尔斯特人协会的信，The Robert Hart papers, University of Hong Kong, Box 5.

正是在爱尔兰籍同胞的招聘问题上，赫德对爱尔兰的偏袒显露无遗。

《赫德日记》的编者们写道，赫德偏袒重用爱尔兰人，这和他看到的中国人任人唯亲的事例相比，有过之而无不及。事实上，他们指出，这种对家庭纽带的关注属于赫德爱尔兰文化背景的一部分，重视家庭正是他与中国人共有的特征。赫德家族中共有八位成员供职中国海关，包括他的一个兄弟、两位妻弟、儿子和三个外甥。他的家人在海关身居要职。退休后，赫德曾谋求由他弟弟及妻弟裴式楷（原名罗伯特·布莱登）继任。实际上，他的外甥梅乐和（原名弗雷德里克·威廉·麦兹）后来最终升任总税务司。对赫德任人唯亲的指责值得重视，不仅因为它关乎对赫德人品的评价，而且在于它也关乎如何看待中国海关意欲成为一个现代化的、任人唯贤的跨国机构的抱负的问题。赫德很清楚他对自己家庭成员的偏袒行为，但他宣称："我从未越过英才提拔庸才；然而，如果晋升是在两个成绩相当的人中挑选一个，而且其中一个和我血脉相通，那不提拔自己人则绝对不近情理。"①

从赫德的自我辩解中，可以看出他虽任人唯亲但至少也考虑能力因素。事实上，赫德曾拒绝雇用他一些亲属——特别是他的妻弟詹姆斯·麦兹和两个来自乡下的堂兄弟。他说这个妻弟不适合这一职位，那两个堂兄弟则没有通过金登干在伦敦设立的资格考试。

数量众多的其他爱尔兰人被招聘到海关工作，其数量远超在海关工作的赫德的家庭成员。赫德通过各种途径（包括母校）把他们从爱尔兰招来。赫德本人就受聘于贝尔法斯特女王大学，他继续对母校人员青睐有加，有时，他竟然特意从女王大学招募雇员，尤其是来自贝尔法斯特和科克的女王大学毕业生，对此我们

① Wright, p.859.

也应该不会太感吃惊。例如，1881 年，他分别给珀斯教授和坎宁教授写信，请他们选派四名女王大学的毕业生来担任医官及助手。①

　　赫德对幼年及求学时在爱尔兰和英国结交的朋友念念不忘。例如，1889 年，他提名埃文斯到海关任职，埃文斯是赫德 1847 至 1850 年在都柏林教派学校学习期间一位同学的侄子。贯穿赫德行为的一个主题是我们所说的"友谊地久天长"这一因素。这首歌及歌词"怎能忘记旧日朋友"是赫德的最爱。事实上，在多个场合，他明确把这句歌词奉为自己的行为准则。他写信给金登干说："我答应任用他的次子……在这个问题上，我是为了使'友谊地久天长'而为温彻斯特出力的。"② 这使我们捕捉到作为男子汉的赫德的私下一面，在招聘中反映出他对本国同胞的态度以及对老熟人的偏袒。

　　除了从儿时伙伴或大学校友中招募，赫德还喜欢任用北爱尔兰人和爱尔兰人。虽然在 19 世纪 50 年代他就迁出北爱尔兰，而且他自己也仅是中产阶级出身，但到 70 年代和 80 年代，赫德同乌尔斯特一些最显赫的家族建立了社交联系，如唐郡的蒙哥马利家族和韦林家族。这些都是乌尔斯特的老乡绅家族，另外托马斯·韦林还是国会议员。这些人脉关系不仅给赫德带来社会地位，还提供了另外一些进入英国社会及政治当权阶层的机会。社交带来的益处不仅仅是单方面的。1876 年，休·蒙哥马利的一个儿子供职中国海关，并最终晋升为税务司。③ 需要赫德推荐入职海关不一定只是赫德对老熟人的好意或身居高位的压力，他们也给赫德带来机会，可以加强赫德及其家族在爱尔兰和英国的社会地位。

① 1881 年 2 月 16 日第 318 号信，Fairbank et al.*The I.G.in Peking*。
② 1875 年 3 月 13 日第 121 号信，Fairbank et al.。
③ 1876 年 6 月 26 日第 142 号信，Fairbank et al.。

总之，当时的赫德与中国海关正处在中西方交汇的关键历史时期，赫德在中国现代化进程中发挥了重要作用。就赫德个人而言，他似乎真的相信自己是在为中国的利益服务，他曾为之效劳的两个国家之间不存在冲突，因为中英两国的利益在许多领域是一致的。今天，在已获独立的爱尔兰，民族主义者往往强调英国殖民统治的负面影响，重新承认赫德的爱尔兰身份存在困难。因为这需要其爱尔兰同胞承认，在英国对中国的殖民企图中许多爱尔兰人也扮演着重要角色。然而，正如本文所说，赫德拥有相互重叠的多重身份——爱尔兰人、英国人，并安然处之，而这一点甚至可能帮助他成功地领导了中国海关总署这个跨国机构，并顺利地同许多不同国家的官员打交道。

因此，罗伯特·赫德的意义是不可否认的，他的能力也不容置疑。此外，他用一生大部分时间致力于在中国的工作，慷慨地对待在中国的女眷和自己的私生子女，并对中华文化有相当程度的了解，这些都显示了一位西方人对其长期居留的国家——中国非同寻常的热爱。

第 四 章
从馅饼王奥到傅满州

——爱尔兰、中国及种族主义

芬坦·奥图尔

在好莱坞西部影片《天使降临》(*Seraphim Falls*)中,被连姆·尼森(Liam Neeson)穷追猛杀的皮尔斯·布鲁斯南驭马闯入铁路施工营地。随着广角镜头的拉近,我们看到,工人在铺设铁轨,戴着宽边草帽的中国人在铁轨一边,爱尔兰筑路工则在另一边。当布鲁斯南通过营地时,电影影像表现的是一系列司空见惯的画面。中国人看着他,默默无言、面无表情,当然也令人难以捉摸。第一串爱尔兰人的近距离镜头拍的是一小群人,他们就着一瓶威士忌酒,围着一张临时拼凑起来的桌子玩牌。接下来的近距离镜头是一个男人对着扁平酒壶饮酒。我们把镜头闪回,更多不知名的中国和爱尔兰筑路工在铺设铁路并锤击道钉。然后,镜头再闪回,一个红头发的爱尔兰人偷喝布鲁斯南的酒,而这位影星嘲弄地咕哝道:"随便喝,小爱尔兰佬。"而一个中国人用本国语言说了些什么莫名其妙的话时,布鲁斯南唯一的回答就是猛击中国人的脸,把他推到一边。

《天使降临》出品于 2007 年,然而片中中国和爱尔兰工人的形象与 19 世纪后期并无二致。铁路建设营地的场面再现了一个历史事实，同时又使我们看到这一事实如何变成了一种历久不变的刻板成见。一方面，该场景提醒我们，这种我们所认为的爱尔兰的新经验，即中国人混杂在现今爱尔兰人的日常生活中，并非那样新奇。另一方面，该场景又暗示出这一历史事实为何对我们今天的爱尔兰身份认同产生的影响如此微乎其微的原因。该场景不是展现活生生的历史，而是充当了另一个大事件，即美国崛起为全球超级大国的程式化背景。如果将当时爱尔兰人与中国人的相逢置于其真实的历史背景中，那我们就必须把这段深嵌入神话谬想中的历史剥离清理出来。

　　首次横贯新大陆的铁路建设连接了大西洋和美国太平洋沿岸，是全球现代化进程发展的一个关键历史性时刻。铁路建设象征着美国经历痛苦内战后的重新统一，确认了美洲印第安人最后的失败，开启了欧洲人移民美国西部的新浪潮，并奠定了美国随后成功跃居世界超级大国地位的基础。这条铁路于 1869 年 5 月 10 日竣工，太平洋联合铁路从内布拉斯加州奥马哈向西延伸，而太平洋中央铁路则从加利福尼亚州的萨克拉门托一路向东，两条铁路相交贯通完成了东海岸到西海岸的连接。

　　在铁路全线贯通的传奇时刻前一个多星期，发生了另一个颇具象征意义的事件——日铺轨 10 英里新纪录的诞生，它证明了美国强大的工业制造能力。实际上，那段铁路仅由八名爱尔兰人铺设。他们是乔治·埃利奥特、爱德华·基林、托马斯·戴利、迈克·肖、迈克·沙利文、麦克·肯尼迪、弗雷德·麦克纳马拉和帕特里克·乔伊斯。平整地面、拖运材料并协助爱尔兰铺轨工的工人大部分是来自中国广东的移民。完全可以恰当地说，因当时修建东西海岸线铁路的大部分劳动力来自中国和爱尔兰，归根到底，这个对我们现今生活世界的形成产生过重大影响的事件，事实上是中国人和爱尔兰人共同创造的业绩。在庆祝竣工的仪式上，当最后一根道钉钉入路轨，聚集在周围见证这一时刻的人群来自许多不同的民族，其中人数最多的就是爱尔兰人和中国人。当时在场的工程师阿莫斯·布舍尔（Amos Bowsher）回忆道："这的确是一个国际性盛会。爱尔兰工人和中国工人创造了铁轨日铺设里程的新纪录，迄今为止还无人打破，他们和美国牛仔、摩门教徒、矿工和印第安人一起庆祝铁路竣工。"①[图 6] 然而，这些中国工人和爱尔兰工人，如果他们还能为人们记住的话，也不是被当做现代化进程中的英雄，而仅仅表现为《天使降临》影片中的刻板形象——令人费解的华人和酒气冲天、小偷小摸的爱尔兰人。

正如斯坦利·阿罗诺维茨（Stanley Aronowitz）所言："爱尔兰人和中国人构成了美国第一批真正的无产阶级。按历史财产观来看，他们属无产者，既无资本又无土地；按现代财产观来看，他们也属无产者，没有技能，不足以在工业体系中谋得一席之地。"② 这种共同的经济地位意味着，在 19 世纪，爱尔兰移民和中国移民往往被相提并论，和一系列刻板形象紧紧联系在一起，这些刻板的成见往往用于定义主流的盎格鲁血统美国人以外的外国人：中国人说话滑稽可笑、饮食千奇百怪、个个拖着辫子；爱尔兰人一口爱尔兰土腔、喝威士忌、爱打架斗殴。从所谓冷静、稳定的盎格鲁—撒克逊行为规范看来，两者的性格都被视为偏离常规，尽管方向相反。在他们眼中，华人天生奴性，缺乏白人男子通常具备的独立精神，而爱尔兰人则不可思议地无法无天，缺乏城市文明人的纪律性。一个民族太过驯良，而另一个民族则桀骜不驯。然而，尽管有关他们的成见的内容截然相反，这种描述却殊途同归，认为中国人和爱尔兰人都属劣等种族。

① "Eye Witness Tells of Last Spike Driving"，*Southern Pacific Bulletin*,May 1926 at Http:/cprr.org/Museum/Farrar/pictures/2005-03-09-02-02.html.

② Stanley Aronowitz,*False Promise:The shaping of American working class consciousness* (Durham,NC: Duke University Press，1992), p.146.

图1

《乾隆戎装大阅图》

朱塞佩·伽斯底里奥内（郎世宁，1688-1766）1739或1758年绘悬挂式卷轴画（原为贴落画），丝绢上的彩墨画，322.5×232

北京：故宫博物院提供

图2

　　《平定西域战图》组画之一：《黑水营解围》铜版画，由勒·巴斯1771年据郎世宁画作雕刻而成。版权所有：切斯特比特图书馆信托委员会

图3

　　乾隆皇帝在北京皇宫接见英国使节及其随员1793年（彩色铜版画），詹姆斯·吉尔雷绘英国伦敦国立维多利亚与艾伯特博物馆、布里吉曼艺术图书馆惠允使用

图4

罗伯特·赫德爵士及其家庭成员妻子赫丝特·简·布莱登（赫丝）和两个孩子伊夫林·艾米（伊维）与埃德加·布鲁斯，摄于1878年。后来，他们的第三个孩子，小女儿梅布尔·米尔本（诺莉）出生。

图5

《名利场》杂志"今日人物"（1894年12月27日，第608期）

赫德爵士兼具英国利益和中国利益代理人的双重身份。这幅漫画清楚地表明英国读者对其这一混合身份所持的怀疑态度。

图6

犹他州普罗蒙特里角的铁路竣工现场（1869）

1869年5月10日，横跨美国东西海岸的铁路完工，尽管庆祝这一壮举的人群来自多个国家，中国修路工人却被有意排除在这一官方照片之外

在约瑟夫·开普勒和托马斯·纳斯特的漫画作品中，爱尔兰人和中国人表现为同样的"类猿"形象。开普勒和纳斯特笔下的"华人被画上高颧骨和黑猩猩的嘴，而爱尔兰人却被画成传统盎格鲁血统美国人的样子：方下巴、大鼻孔以及大猩猩似的脸"[①]。如果说有什么不同的话，那就是，中国黑猩猩比爱尔兰大猩猩进化等级略高。约瑟夫·开普勒 1880 年为漫画杂志《泼克》(*Puck*)画了一系列漫画。画中，中国人在纽约取代了爱尔兰人，抢走了爱尔兰人的工作并殴打他们。漫画还展示一家中国志愿消防公司把约翰·凯利市长（即政党领袖威廉·梅西·特威德的继任者）下辖的城市洗涤得干干净净，并把爱尔兰人控制的坦慕尼协会（纽约市民主党组织）大厅里的腐败清洗一空。

相反，一个中国男人变成爱尔兰人则是一步倒退。托马斯·斯图尔特·丹尼森 1895 年创作了一部戏剧《馅饼王奥：一个混有中国血统的爱尔兰人》(*Patsy 0' Wang: an Irish Farce with a Chinese Mix-up*)。剧中，金心（Chin Sum）是一个温驯顺从的中国大厨，为一位美国科学家福禄克博士（Dr Fluke）工作。有一次金心意外地喝了一瓶他认为是白兰地的饮料，但实际上该饮料含有"爱尔兰酒剂"。这使得金心内心自我阴暗的一面得到释放——他的父亲是爱尔兰人，其潜在的遗传基因开始发挥作用。金心转化为馅饼王奥。正如丹尼森在剧情说明中写道："威士忌，他父亲喝的酒，把他变成一个真正的爱尔兰人；而浓茶，他母亲喝的饮料，具有完全恢复他中国人特性的能力。"

很大程度上出于对其雇主的厌恶，这位馅饼师傅宣布，他现在是"永远的爱尔兰人"，变得狂野、桀骜不驯。"我要去从政。俺的远大目标是成为市参议员，去世时得到所有人的敬爱和尊

---

① John Kuo Wei Tchen, *New York before Chinatown: Orientalism and the shaping of American culture* (Baltimore, MD:Johns Hopkins University Press,2001), p.217.

重。"他在戏剧结尾处唱道：

> 俺父亲是个小流氓，俺母亲是个中国阿乡
>
> 我出生在一万英里以外的城市香港……
>
> 有一天，我自个儿调煮潘趣酒，然后我试调同样的酒
> 汤——
>
> 太棒了，它提炼成致命的一小口，点燃了爱尔兰人的激
> 情万丈。①

在主流美国人的意象中，这种中国人向爱尔兰人的转变也能以另一种方式存在。25 年前，在讽刺短文《中国佬约翰在纽约》(*John Chinaman in New York*)，马克·吐温描写了他在一间茶馆外遇到一名中国男子，该男子手持一个牌子。看到路人盯着该男子，他写道："我怜悯这位男子，他没有朋友，属蒙古人种，戴着古怪的带有遮檐的笠形中国帽子，帽顶上还有一个球，长辫从脑后垂到背部，穿着短丝上衣……"。马克·吐温不知道"在那忧郁面容后翻腾的是什么；他那无神的眼睛梦到的遥远景象是什么。也许他的思绪正随着他的心，穿过波涛汹涌的太平洋那荒凉的海面，飞跃万里以外。他的思绪是回到了中国的稻田和羽毛状的棕榈树丛之中，还是来到了记忆中山峰的阴影之下，或者，流连于无法在美国气候下生长的鲜花盛开的灌木丛和奇异森林中？我得说，降临到这位青铜色战士身上的，是一种残酷的命运"。

他拍拍该男子的肩膀表示同情，并承诺他，"钱会筹到

---

① Thomas Stewart Denison,"Patsy O'Wang:An Irish farce with a Chinese mix-up"in Dave Williams (ed.),*The Chinese Other 1850–1925:An anthology of plays* (Lanham: University Press of America, 1997),pp.125–48.另参见 Robert G.Lee, *Orientals:Asian Americans in popular culture* (Philadelphia, PA: Temple University Press,1999), pp.78–79.

的——你会回到中国的——并会再见到你的朋友"。他问该男子挣多少工钱。男人说:"每周 4 美元,不多给一分钱……活儿倒不累,就是这讨厌的毛皮镶边衣服,太贵啦。"①

中国人和爱尔兰人的这一奇特结合反映出 19 世纪美国的重重矛盾和偏见。但它的根源在于一种更奇特的牵强附会的观念,与他们对爱尔兰民族本源的认识紧密相关。这种观念认为,爱尔兰人的特殊性与无法融入欧洲"文明"规范的现象都可用他们并非真正欧洲人的事实来解释。英国都铎王朝对爱尔兰的殖民征服产生了一种根深蒂固的观念,即认为爱尔兰土著居民并不是真正的西方人,而是呆错了地方的东方人。英国思想家认为,未开化的爱尔兰人(The Wild Irish)一定真正起源于典型的野蛮人,即欧亚草原游牧民族塞西亚人(Scythians)。在 1596 年的《爱尔兰现状检视》(*A View of the Present State of Ireland*)一书中,埃德蒙·斯宾塞得出结论,认为爱尔兰人是由许多种族组成,但"最主要的……,我推测是塞西亚人"。② 同样,他的同代人费恩斯·摩利逊报道说:"刚人(the Gangaui),塞西亚人的一支进入西班牙,并从那里进入爱尔兰,居住在凯里郡。"③

18 世纪人们重提这一看法,塞西亚人、蒙古人和中国人都是爱尔兰东方种族起源的可替换选项。18 世纪中叶,苏格兰语言学家大卫·马尔科姆断定,圣·凯尔达(St Kilda)居民说古爱尔兰语时仍然表现出其起源于汉语的印记。④ 1818 年,查尔斯·瓦兰斯(Charles Vallancey)认为,中国和爱尔兰居民均发

① *The Complete Work of Mark Twain:Sketches new and old* (Alcester,Warks:Read Books,2008), pp.277–279.

② Edmund Spenser,转引自 Seamus Deane(ed.)*The Field Day Anthology of Irish Writing*,Vol.1.(Derry, Northern Ireland: Field Day Publications,1991),p.182.

③ Fynes Moryson,"An Itinerary Containing His Ten Yeeres Travell (1617)", *The Field Day Anthology of Irish Writing*,Vol.1, p.244.

④ David Malcolm, *Letters,Essays, and Other Tracts Illustrating the Antiquities of Great Britain and Ireland* (London: J.Millan,1744), p.37 ff.

源于塞西亚人，他进而提出了"古凯尔特人和他们的语言均从东方起源"，来证明这一推断。①

尽管听起来如同天方夜谭，这种看法在人们头脑中却挥之不去。英国旅行者就曾将中国农舍和爱尔兰农舍、中国妇女的哀悼歌曲和爱尔兰挽歌相互比较。18 世纪末和 19 世纪初，在爱尔兰各地发现了 100 多件刻有汉字的瓷质小印章，似乎证明了这一关联性。这种观点一旦出现，随之而来的便是种种猜测。都柏林1831 年出版的《对自然道德秩序的思考》（*Thoughts on the Moral Order of Nature*）一书中，安娜·玛丽亚·温特写道：

> 当然，我从未听说在中国和爱尔兰国民性之中找到任何相似的特征，但另一方面，我认为这是完全可能的，因为每当对这些区分各民族的自然民族性情的特性进行充分研究时，人们将会发现，从根本上说，爱尔兰品性就是一种带有中国上层建筑印记的欧洲版本。而且正是由于这种奇异的组合，当人们从欧洲到中国旅行时，无论是到中国东部还是西部，他们仍会发现，中国人的性格和爱尔兰人品性有一种相似性。

概括来说，提出这种联系并非对爱尔兰人的奉承之辞，相反，爱尔兰人被视为中华文明的腐朽残余。1844 年，在大饥荒前夕，皇家医师詹姆斯·约翰逊在报告他的爱尔兰之行时写道：

> 如果中国已拥有"爱尔兰"（ERIN），他们将很快把它改造成"天朝帝国"（Celestial Empire）的一部分，它现在并不具备这样的称号。从凯伦图阿尔（Carran Tual）到凯伦

---

① Charles Vallancey, *An Essay on the Antiquity of the Irish Language* (London: Richard Ryan, 1818), p.57.

图吉厄（Carrantagher），我们将可以看到"水稻"取代土豆蓬勃生长在各处山坡和山峰上，人们不用费劲地从地里挖土豆、烟熏火燎地烤土豆、嘎喳嘎喳地啃土豆"骨头"（没有完全烤熟的土豆中间较硬的部分）；大西洋岸边的云彩下，水箱将以"优雅的风格"来灌溉稻田。①

　　对于爱尔兰人同中国人相似的看法，更糟糕的是，实际真正接触过中国人的爱尔兰人做出了不同的、甚至互相矛盾的回应。过去，美国的爱尔兰人在经济底层和中国劳工竞争。有时，他们向白人基督徒求助，共同对付异教徒中国佬，以此获得有利地位。爱尔兰科克出生的劳工领袖丹尼斯·科尔尼在其搭档奥·唐奈帮助下，于1877年在旧金山成立了加州劳工党（The Working-men's Party），他们举行反华集会，并以"中国人必须滚蛋"的口号来开始和结束每次演说。科尔尼把白人工人的失业归咎于所谓华工的奴性，这些华工是在横贯美国的铁路建成后来加州找工作的，科尔尼称，华工愿意接受较低的工资和恶劣的工作条件。他还声称各公司竟然不远万里前往中国招募工人，是因为华工"像农奴一样"，更容易控制。科尔尼强调说，华工的性格使他们容易服从别人。"他们是被鞭打的孬种，卑鄙、顺从、下贱、令人不齿、服从一切事物。他们没有妻子、子女或家庭……他们似乎没有性别之分。"②科尔尼利用这些对华人一成不变的刻板印象，煽动起加州的反华暴动，导致该州通过了一系列歧视性法律，并最终在联邦层面通过了1882年《排华法案》，禁止华人进一步向美国移民。

---

① James Johnson, *A Tour in Ireland；with meditations and reflections* (London：S. Highley，1844)，pp.197-198.

② Denis Kearney， President，and H.L.Knight，Secretary，"Appeal from California. The Chinese Invasion，Workingmen's Address," *Indianapolis Times*，28 February 1878，at http://www.assumption.edu/users/McClymer/bedford-prototype/toc/KearneyChineseInvasion.html.

第四章　从馅饼王奥到傅满州

令人震惊的是，科尔尼的所作所为取得了成功。他的做法就是利用把中国人的顺从和爱尔兰人的野性程式化地对立起来的观点，并使之转化为充满种族色彩的对立：一方是奴隶心态，另一方充满自尊精神，然后以此抬高爱尔兰工人和其他欧洲工人，贬低华工。

在文化领域，爱尔兰人形象和华人移民形象错综复杂、相互交织在一起。过去，爱尔兰人用类似方式来应对这种情形：创造他们自己的反华讽刺作品。伟大的爱尔兰杂耍演员爱德华·哈里根是百老汇剧院的创办者之一，他创造了好色、小偷小摸并吸食鸦片的"矇猪眼"（Hog-Eye）形象，与"矇猪眼"势不两立的是爱尔兰洗衣妇霍诺拉·都柏林（Honora Dublin），这反映了在洗衣业乃至整个家务服务业中爱尔兰妇女和中国男性之间的激烈竞争。《默利根的银婚》（*The Mulligans' Silver Wedding*）写于 1881年，书中在因晒衣绳爆发的一场争吵中，霍诺拉·都柏林恶毒地发表了一个种族主义的长篇大论，来反对"矇猪眼"。她说："你连半个男人都算不上。你是个异类，用敲鼓棒吃晚饭。你是一只猴子，尾巴长在脑后。你是个亚洲杂种……为什么你脸上没有络腮胡子，像个男人那样，你这个狒狒……你这样的人来到自由的国家，穿裙子走路并自称男人……。"① 这种滔滔不绝的辱骂以及对中国敌人其男性特征的恶意贬低，都直接沿袭了科尔尼对华人的看法，即把中华民族看成无性动物。"矇猪眼"，正如陈国伟（John Kuo Wei Tchen）所说："是异教徒中的异教徒，爱尔兰人眼中另类中的另类。"②

在 20 世纪西方通俗文化中，"黄祸"的化身是邪恶的傅满州

---

① 转引自 Krystyn R.Moon,*Yellowface: Creating the Chinese in American popular music and performance* (Piscataway, NJ: Rutgers University Press,2005),p.53.

② John Kuo Wei Tchen,"Quimbo Appo's Fear of Fenians:Chinese-Anglo-Irish relations in New York City", *The New York Irish*,(eds.) Ronald H.Bayor and Timothy J.Meagher (Baltimore, MD: Johns Hopkins University Press,1996),p.143.

博士——他图谋让中华民族接管世界——这基本上也是爱尔兰人的臆造。傅满州由萨克斯·罗默虚构，萨克斯·罗默实际是爱尔兰人阿瑟·沃德的笔名，笔名部分取自爱尔兰英雄的名字帕特里克·萨斯菲尔德。拍傅满州及其继承人单方（Sin Fang）的电影有数十部，爱尔兰演员哈利·阿加尔·莱昂（Harry Agar Lyons）出演主角。爱尔兰裔美国艺术家利奥·奥米利亚则以该邪恶天才为主角，在美国大众报纸上绘制了连环漫画。

在爱尔兰文学作品中，有关中国和中国人的正面形象更多。例如，奥斯卡·王尔德颇为欣赏古代哲学家庄子；尤金·奥尼尔在其戏剧《马可百万》（*Marco Millions*）中把中国当成真正文明的缩影，与西方的贪婪狭隘形成对比。但在西方的中国人代表形象中，从他们对大众意识的巨大影响来看，"矇猪眼"和傅满州无疑是爱尔兰人创作的最重要的形象，二者构成了中爱两国关系中最不光彩的一页。然而，霍诺拉·都柏林对"矇猪眼"的恶毒攻击提醒我们，应该注意现实，这里同时正发生其他一些事情。我们注意到，在 19 世纪，霍诺拉·都柏林和"矇猪眼"很可能并非不共戴天的敌人。在生活中，他们实际可能是男人和妻子的关系。其实，都柏林在《默利根的银婚》的长篇大论部分是由求婚引发的。"矇猪眼"在哈里根的"中国人言论"漫画中对都柏林说："额稀饭你（我喜欢你）。能让你成为一个毫女银（好女人）……'矇猪眼'福人（夫人）。"事实上，对这类求婚，并非所有的爱尔兰妇女都如同都柏林夫人那样破口大骂、反应过激。

爱尔兰人和中国人关系的最大秘密是散居海外的爱尔兰妇女常常同中国男性成婚，婚配频繁、引人注目。爱尔兰妇女常常不同家庭在一起，她们独自迁移。在客居社区，有时她们在人数上大大超过了爱尔兰男性。相反，移民美国和澳大利亚的中国人不成比例地几乎全由单身男性组成。对于相当一部分爱尔兰妇女而言，这些中国男子比较稳重、勤奋工作，是择偶的合适人选。

第四章 从馅饼王奥到傅满州

例如，伦敦《季刊评论》(*Quarterly Review*) 于 1860 年报道了澳大利亚巴拉瑞特的淘金潮，并指出："[墨尔本]有一些富有的中国商人，他们在不同的金矿与自己的同胞进行大量交易。很少有女人跟随他们，但据说，他们成功地在爱尔兰人中觅得娇妻。"①

与此同时，在纽约且林士果广场以南的詹姆斯街周围，有一个长期形成的"城中城"，里面住着同爱尔兰女人结婚或同居的中国男人。早在 1857 年，《哈勃周刊》(*Harpers Weekly*) 就注意到该城市中的中爱联姻现象，联姻双方是供应雪茄的中国商人和贩卖苹果的爱尔兰商贩。该周刊声称，爱尔兰商贩中有 28 人最近"同她们细长眼、黄皮肤的中国对象步入婚姻殿堂"②。到20世纪 50 年代末，《纽约时报》指出，大多数中国旅馆店主的结婚对象不是爱尔兰女子就是德国女子。橱窗展示的机械玩具是同爱尔兰女子跳舞的中国男子。1858 年 3 月，在《美国佬理念》(*Yankee Notions*) 的封面上刊登了一幅漫画，上面画的一对夫妇是中国丈夫和爱尔兰妻子，妻子对他们的孩子说："那么，现在，张迈克跑步回家，带着周帕特和成鲁尼一道，把最后剩下小狗馅饼拿来给你爸爸。嗯，记住了没有？给妈妈拿一些马铃薯，你们这些小鬼头。（朝向她丈夫）你怎么样，亲爱的张?"③

这幅漫画表现了一个真实的现象：到 19 世纪 70 年代，在纽约的全部中国男人中，有四分之一同爱尔兰女人结婚。到 1882年，《纽约太阳报》也报道说，这些中国人"从莫特和帕克街(Mott and Park Street) 的时尚俱乐部……乘坐且林士果广场的轿

① Samuel Sidney, "The Australian Colonies and the Gold Supply", *The Quarterly Review* (London), Vol.107 January and April 1860, p.27.
② 转引自 John Kuo Wei Chen, "Quimbo Appo's Fear of Fenians", *New York Irish*, p.129.
③ Chen, p.131.

式马车，带着利伯勒尔（Liberal）供应的烈酒和雪茄……他们的爱尔兰妻子陪伴左右，其中许多都年轻丰满、娇俏标致"。这些中国男子往往被他们的爱尔兰妻子视做如意郎君。有一次，一个为《太阳报》撰稿的作家描述他探访中国人会所的经历以及同一位"年轻漂亮、几乎不到 18 岁的爱尔兰姑娘"的交谈："姑娘说：'今天我们享用了一顿愉快的晚餐，吃的都是些鸡之类的东西，男人和他们的妻子现在正吞云吐雾，品味醇酒。他们的妻子都是爱尔兰姑娘。我也已婚。''什么，嫁给一位中国佬？''当然，'她自豪地回答，'到今天就结婚两周啦。'她放声大笑，然后接着说华人都是好'小伙子'，他们努力工作、去上夜校，并对妻子感情专一。"①

通过这些婚姻，他们生儿育女繁衍后代，但这些儿童并不能算进我们观念中的爱尔兰裔美国人。他们的后裔现在更可能被当做亚裔美国人。具有讽刺意味的是，虽然在 19 世纪，主流种族主义倾向于富有想象力地把爱尔兰人和中国人相提并论。但 20 世纪的第二次全球化浪潮却使他们分道扬镳。在 21 世纪的爱尔兰，出现了人数众多的中国移民，这又为中爱身份的融合开辟了新的前景，因此它看来既新奇又令人困惑不解。之所以这样，是因为其早期历史的真实面目已被掩盖。这段历史仅仅以枯燥无味的陈词滥调形式存在，我们在《天使降临》中得以一窥其面目，和那些陈词滥调相关的更有趣、更复杂的事实已消弭无踪。

然而，作为一个移民社会，爱尔兰的历史意味着，几乎没有什么跨文化接触对我们而言是一种全新的经历。我们已有一个复杂的人类文化遗产可资借鉴。比如，自传性感悟集《一半一半》(Half and Half) 是一本多位拥有双种族、双文化背景的旅

---

① 转引自 Iris Chang, *The Chinese in America: A narrative history* (New York: Viking, 2003), pp.110–112.

美作家作品集，引人注目的是碰巧这本书中有两位完全不同的（同时具有爱尔兰和中国血统的）作家。克劳迪·恰韦·奥赫恩（Claudine Chiawei O'Hearn）出生在香港，父亲是爱尔兰裔美国人，母亲是中国人。她写道："我决定选择去爱尔兰进行一学期的海外学习，而不是去中国，那个我尚未去过的国度，这似乎进一步证实我对爱尔兰的偏爱。我坚持自己的选择，因为她恰好适合我的英语专业，而且，我为什么不去爱尔兰寻根呢？说实话，我不敢去中国，因为对我而言它很陌生。"①然而，任碧莲（Gish Jen）写道："我4岁的儿子卢克就读于中国文化学校，这似乎对大多数人来说都不可避免，尽管他父亲是爱尔兰血统。因为有些族裔强过其他；比如，中国人就胜过爱尔兰人。这同某些文化和美国主流文化之间的相对距离有关，也和种族有关。因为众所周知，并非某一民族比其他民族优秀，而是某种肤色比其他肤色占优势。比如，黑人就总是并永远胜过白人。一个黑白混血儿并不是白人，而是黑人。"②恰韦·奥赫恩描述她的经历，选择爱尔兰人身份可以使她逃避，至少是暂时逃避做一个中国人的更为艰难的选择。在任碧莲的解释里，这种逃避实质上是不可能的。因为，在关键时刻，爱尔兰人是白人，而白人是享有特权的主流群体的一部分。

不过，随着爱尔兰人再一次变得不那么白而是更趋混血特征，我们将发现：牢记全球化不但是我们现状的一部分，而且是我们历史的一部分，这对我们会有所帮助。这段历史包含了我们与其他民族在物质、社会、性和想象层面的联系，这其中就有中国人。长期以来，我们曾与中国人携手，努力工作，一起开创了现代化进程中的一些关键性时刻；共同承受着种族主义的偏见和

---

① Claudine C.O'Hearn, *Half and Half: Writers on growing up biracial and bicultural* (New York: Pantheon,1998),p.x.

② O'Hearn,p.265.

歧视并成为受害者。我们曾沉溺于反华种族主义，但也热爱自己的中国丈夫和孩子。通过我们自身的历史，从我们的祖辈和后辈身上，我们懂得：不管种族主义的愚昧还是人类实际交往的丰富性都不是抽象的原则，而是真实的、活生生的经历。

第 五 章
奥斯卡·王尔德笔下的中国哲人

杰鲁莎·麦科马克

　　1890 年 2 月一篇不同凡响的书评问世。这篇题为《一位中国哲人》的书评盛赞翟理斯（原名赫伯特·艾伦·贾尔斯）[①]翻译的《庄子》为"第一个完整的英文译本"。该书评的作者就是奥斯卡·王尔德。

　　这次文化邂逅对王尔德产生了巨大震撼，并处处体现在他的作品中。最有力的证据是，其作品中到处都是对《庄子》的对应援引、释义和模仿，足以列出一个长长的令人吃惊的单子。[②] 但

[①]　*The Speaker*,Vol.1,No.6 (February,1890),reprinted in Richard Ellmann,*The Critic as Artist:The critical writings of Oscar Wilde* (New York:Vintage Books,1968),pp.221-228.有关该书评的所有进一步引述均出自于此：*Chuang Tzu:mystic,moralist,and social reformer*,translated by Herbert A.Giles (London,1889)，以下援引均简称 *Chuang Tsu*，给出章节号。书评即于该书出版后 13 个月根据该书撰写而成。

　　译者翟理斯 (1845—1935年)，当时任驻中国淡水(Tamnsui) 的领事，是当时最重要的年轻汉学家之一，并很快成为英国翻译中国文学作品的最知名翻译家。1897—1932年间，他在剑桥大学任中文教授。

[②]　关于王尔德对庄子的引文、释义和模仿的完整列表，参见 Isobel Murry,"Oscar Wilde's Absorption of 'Influences':The case history of Chuang Tzu"，*The Durham University Journal*,Vol.64,no.1 (December 1971):pp.1-13.本文非常感激默里先生在整理奥斯卡·王尔德对庄子的借鉴方面所做的开拓性工作。

这个单子仅仅是个开始。凡是一口气读完庄子和王尔德作品的人，都会注意到两者共有的独特风格：才华横溢、惊世骇俗，充满妙语警句。这种警句常常以似是而非的隽语或滑稽模仿的形式出现。庄子和王尔德都利用各种寓言来阐明自己复杂的思想立场。而且他们还都虚拟了令人眼花缭乱的对话，通过这些对话，他们彻底颠覆了根深蒂固的社会成见，最终，像魔法师一样，对它们拨乱反正，使之回到正确的轨道。

王尔德并不一定是从庄子身上学到了这些技巧。他采用这些技巧可能出于和庄子一样的原因，即把它当做一种策略，来颠覆自己生长于其中并加以反对的世界。事实上，王尔德发表关于庄子的书评时，适逢自己人生哲学成型的关键时刻。因而，庄子的思想在奥斯卡·王尔德的作品中转化为具有相似性但又有自身特点的东西，我们就不应感到惊讶了。

但确定无疑的是，所有这一切中存在一些很奇怪的东西。究竟是什么能使 19 世纪后期身居伦敦的一位爱尔兰人如此热衷于这位中国哲人的思想，而这位中国哲人相传生活在公元前 4 世纪。除老子外，庄子也被尊为道家思想流派的创始人之一。翟理斯翻译的庄子作品在公元前 2 世纪时就以类似于现存版本的形式流传于世了。[1] 那么，到底是什么促使王尔德决意对庄子的思想做出如此生动的回应呢？要知道，后者生活在两千多年前的遥远国度，同时又为文明差异这一无形的鸿沟所阻隔。

从广义上讲，庄子和王尔德可能都算得上我们所称的"离经叛道者"。这是一个有用的字眼，用来描述那些思想背离大众常规的人，他们的背离方式表现为一种蓄意的乖张叛逆，因此与主流话语"背道而驰"。于是，王尔德经常被指责说，他只是在自

---

① 《庄子》一书有许多章节，人们认为只有前 7 章，即《外篇》（8—22）才真正是庄子自己所作，《杂篇》（23—33）可能是庄子的弟子经过几个世纪添加而成。公元 312 年，郭象编校删订，做此分篇。

己的哲学格言中颠覆一些普遍接受的警句，例如，"教育是可敬的，但要时时记住，一切值得了解的东西都不是依靠教育得来的"。这一点感悟直接来自庄子，庄子讲述了一个轮扁斫轮的故事，在成为斫轮巧匠多年后，这位匠人仍然无法把技能传授给自己的儿子。①

当人们把常规习俗提升作理想，而且这些理想共识统治社会时，正是离经叛道者大显身手的时候。因此，庄子的主要目标是从字面上推翻儒家说教，并用与原来相反的词语来重新表述。如孔子宣扬"身正"的责任，庄子则建议"无为"（著名的"无为"原则，有时译成"不行动原则"）。他认为，人的"至善"在于"存在"，而不是"人为"。儒家的工具性道德观，如王尔德所说，在庄子眼中，是"一切理想主义者所蔑视的功利体系"，庄子所宣扬的是有用之物的无用。因此，我们不仅可把庄子的举动理解为离经叛道，而且可将其看成他在自己所处的年代的一种思想解放方式，用来摆脱他所认为的儒家思想禁锢。

同样，王尔德在维多利亚社会晚期来到英国，当时的英国社会已就"正统"的社会价值和规范达成共识，令人备感恐惧、压抑。这种共识非常强势，以致它被人们拟人化为一个年老、丑陋的精明妇人，名叫格兰迪老太太（Mrs.Grundy）。在人们想象中，她全身黑色装扮，常常带着一把收拢起来的长柄伞。这把伞暗示着，格兰迪老太太将用伞痛殴任何违背她狭隘准则的人。② 和孔

---

① 在他的书评中，王尔德写道，就庄子而言，"一切值得知道的东西都不是依靠教育得来的"（"A Chinese Sage", p.225）。两人风格各异，饶有趣味：王尔德巧妙地利用悖论，而庄子则简单地讲述一个故事。

② 格兰迪老太太首次出现在托马斯·莫顿的戏剧《促犁》（1978年）中。关于维多利亚时代格兰迪老太太专横的描述，可参见 Walter E.Houghton,*The Victorian Frame of Mind,1830– 1870* (New Haven,CT:Yale University Press,1957),pp.397-398.特别是鼎盛时期的维多利亚社会向人们施加的道德压力达到一种登峰造极的地步，对此的描述可参见，Houghton,"Earnestness", pp.218-262。这种"一本正经"，当然是王尔德《不可儿戏》一剧的讽刺对象。

子一样，格兰迪老太太奉行的标准都是严格的道德说教，而与美学或哲学无涉。事实上，孔子所鼓吹的理想社会和维多利亚时代鼎盛期的英国有许多相似之处。二者都吹捧僵化严格的男权等级制度下"责任"至上的价值观，"绅士"形象则是其理想的化身。两者都信奉：个人必须服从集体和工作的要求，正如所有其他行为准则必须服从道德利益一样。因此，人们可能会大胆类推：如同庄子对孔子[①]的看法，奥斯卡·王尔德对格兰迪老太太也抱有同样感受。庄子通过颠覆儒家思想家有关"身正"和责任的言论来捉弄他们；同庄子一样，王尔德彻底揭穿这些道德上的陈词滥调，使这些说教变得理屈词穷、苍白无力，从而惹恼了那些格兰迪老太太哲学的信徒们。[②]

风格是他们共同的斗争手段。没人能比孔子一本正经，也没人能像格兰迪老太太那样暴虐不公。因此，王尔德和庄子都采取了讥诮的策略。他们讲孩子气的故事（庄子借用寓言，王尔德则好像是在给英国孩子讲故事）。[③]他们都设计虚拟的辩论，辩论的胜算倒向他们一边。他们都反对赤裸裸地以权威口吻发号施令，而是以鲜明的风格反其道而行之：诙谐有趣、多彩炫目和颠覆常规。通过这些手段，他们使对手的逻辑变成强词夺理的诡辩。当

---

① 在本文中，我指的是历史上真实的孔子，即《论语》的作者。但也应注意到，在庄子的著作中，"孔子"似乎也作为一个虚构的人物出现：在这种情况下，孔子不仅仅充当一个庄子论辩的对手。使读者容易混淆的是，庄子常常借孔子之口说出他自己的话，这是庄子操控辩论策略的又一个例子。

② 有关王尔德颠覆维多利亚时代行为规范的情况，参见 Sandra Siegal,"Wilde's Use and Abuse of Aphorisms", *Victorian Studies Association of Western Canada* 12 (1986) Ⅰ .pp.16–26；Jerusha McCormack,"Wilde's Fiction(s)," in Peter Raby (ed.) The Cambridge Companion to Oscar Wilde (Cambridge,UK:Cambridge University Press,1997),pp.98–99.

③ 事实上，王尔德否定了他的故事只说给孩子们听的说法，他在童话集《石榴屋》（1891）中说，"我想要取悦英国儿童的意愿和取悦所有英国大众的意愿不相上下。"参见 Rupert Hart-Davis (ed.) *The Letters of Oscar Wilde* (London:Rupert Hart-Davis,Ltd.,1963),p.302.

掌权者谈选择的必要性时，这些反对派通过强调对立面的同一性来否认该选择的可能性。如果所有这些策略都不起作用，他们则使自己的观众哈哈大笑。这种笑是他们战斗的呐喊，因为当受到集体道德雄辩术"严肃说教"的压制时，笑声可以直率地揭穿其真实面目。

王尔德发现，庄子是一个强大的同盟者。王尔德需要这样一个同盟者，因为像庄子一样，他也是一个旁观者。然而，庄子是自己选择置身事外，王尔德却生来就是一个局外人。他出生在这样一个国家，曾是英国第一个也是最古老的殖民地。他出生时，爱尔兰正从有史以来最天怒人怨的饥荒中摆脱出来，而爱尔兰人把这一切主要归咎于英国的管理不善。虽然起初，王尔德似乎对他的祖国无动于衷。大约在他评论庄子的一年前，他愿意把自己形容为"最不服从的爱国者"。[1] 王尔德在他的书评中禁不住评论道："但如果他（庄子）能重返人间，并来访问我们的话，他可能会和贝尔福先生有话要说，谈谈贝尔福在爱尔兰的高压政治和积极的暴政。"[2]

同样重要的是，发表庄子书评时，即1890年2月，作为一个作家，奥斯卡·王尔德仅仅是声名初起。他的小说《道林·格雷的画像》直到次年6月才出版。他的首部成功剧作，《温德米尔夫人的扇子》（*Lady Windermere's Fan*），也直到两年后才大获成功。事实上，人们大多把王尔德看做一位健谈者、一位社会名

---

[1] *The Letters of Oscar Wilde*,p.232.有关王尔德本人爱尔兰意识的广泛探讨，可参见 Davis Coakley,*Oscar Wilde:The importance of being Irish* (Dublin:Townhouse,1994).

[2] "A Chinese Sage," p.226.1887年初，当亚瑟·詹姆士·贝尔福（1848—1930年）被任命为爱尔兰事务大臣时，他严厉执行《犯罪法案》的做法使批评者大跌眼镜，从而赢得了"血腥贝尔福"的绰号，贝尔福施政稳健的能力消除了大众关于他政治上是个无足轻重的角色的看法。作为国会中保守党议员，贝尔福反对任何支持爱尔兰议会党自治的提案，他同约瑟夫·张伯伦的自由统一党结盟，在爱尔兰大力鼓励激进的统一主义运动。

流。一个值得注意的事实是，所有王尔德因之成名的作品，都发表在他阅读、评介庄子之后。当然，鉴于王尔德的阅读广博、素材来源广泛，随便说一个作家就能对他起决定性影响，这种说法不免愚蠢。[1] 但是从现有证据来看，很显然，对庄子的发现是一个关键的动因，使王尔德转变成众所周知的睿智者、作家，尤其是今天公认的才华横溢的思想家。[2]

想要证明这一点，人们只要看看王尔德书评发表之后不久写的两部作品就能明白，庄子是如何帮助王尔德形成了一些他最富革命性的思想的。王尔德的著名随笔《社会主义制度下人的灵魂》1891 年 2 月发表于《评论双周刊》——正好在庄子书评发表之后一年。它是王尔德唯一一篇通常读起来使人感到直抒胸臆的文章，也就是说，是真诚和发自内心的。但任何一个细心的读者很快就会注意到，该随笔宣扬的并不是社会主义，而是（在西方政治条件下的）纯粹无政府主义。文中王尔德大力主张取消所有权威，因为"所有权力都有强大的腐蚀性。它使当权者堕落，

---

① 关于王尔德阅读情况的一个全面但并不是最后定论的研究，参见 Thomas Wright, *Oscar's Books* (London:Chatto & Windus,2008)。例如，拉尔夫·沃尔多·爱默生当时是对他产生关键性影响的人物。有关《社会主义制度下人的灵魂》一文的思想渊源，参见 Isobel Murray,"Oscar Wilde and Individualism:Contexts for The Soul of Man", *Durham University Review* (July 1991),pp.195–207。

② 爱德华·罗迪蒂是意识到阅读庄子对王尔德影响的两位传记作家之一，他认为是阅读庄子使王尔德从"带有浪漫的理想主义的所有天真气息的一位热情洋溢的拉斯金式社会主义者"，转变成写出《社会主义制度下人的灵魂》及《作为艺术家的批评家》的复杂、深刻的思想家。参见 *Oscar Wilde* (New York:New Directions,1986),p.59,p.102 and n.112–113。另一位传记作家是乔治·伍德科克。他指出："明显的是，阅读庄子著作对王尔德本人的哲学产生了决定性影响，使他坚定了与生俱来的无为思想及哲学观上的无政府主义倾向，"并补充说，王尔德在许多方面接受道家思想，"但……最终能够这样做，是因为他与中国圣人的思想之间已有许多的共通之处。"上述引述参见 *The Double Image of Oscar Wilde* (Montreal:Black Rose Books,1986),p.152。关于王尔德与中国圣人的思想共性，另参见 pp.85–88,p.131,and p.150f。

使平民百姓蒙羞"。①

虽然按照一位学者所说，中国思想家庄子"也许是世界上第一位无政府主义者"，但将王尔德这种偏激思想的成因仅仅归结于对庄子作品的阅读，也未免不合情理。②庄子作品起了一种推动作用：从这种意义上说，他帮助王尔德明确形成了一种十分激进的思想。正如该书评的第一句所说，王尔德从庄子的文字里发现了激烈 到"一段时期以来我碰到的对现代生活的最尖锐批评"，王尔德继续说："……庄子……试图毁灭我们所熟知的和中产阶级所了解的社会。"如果普通百姓"真正知道他是谁的话，他们会发抖的"，他补充道，这是因为庄子的思想实际上"过于危险"。③

这是王尔德自己努力仿效的一个观点。从其著名的开篇语来看，《社会主义制度下人的灵魂》闪烁着中国哲人庄子的智慧。王尔德大胆借用庄子的思想，把矛头指向维多利亚中产阶级社会的坚固堡垒——慈善家身上：揭露"他们设法解决贫穷问题"的方式，即"让穷人继续活下去或者建一所非常高级的学校，给穷人逗乐"。然而就贫困本身，王尔德认为，如果它不是因如此善意的慈善事业而得以维持下来的话，早已不再存在。王尔德坚持认为，从维持现状而不是改变它们来看，这种慈善家的工作，使人品行蒙受屈辱、道德沦丧。总之，他的结论是"慈善行为创造了大量罪恶"。④

① "The Soul of Man under Socialism"，*Complete Works of Oscar Wilde*,Merlyn Holland (ed.) (Glasgow:Harper Collins,1994),p.1182.有关该论文的所有进一步引文均来源于此。
② Murray Rothbard,"Concepts of the Role of Intellectuals in Social Change Towards Laissez Faire"，*The Journal of Libertarian Studies*,Vol.IX ,No.2 (Fall 1990):43–67 (pp.45–46).其他可引用的作者，包括欧内斯特·勒南、威廉·莫里斯等费边社会主义者及坚定的无政府主义者，如克鲁泡特金。
③ "A Chinese Sage"，pp.221,222,226.
④ "Soul of Man"，p.1174.

被王尔德痛斥的慈善家们和庄子笔下的"仁人"有许多共同点，这绝非偶然。然而，庄子不是他唯一的写作灵感的来源。王尔德会从斯多噶学派的文章中，或者从《福音书》中，发现许多相同的宏论。拿撒勒的耶稣确实有许多同庄子言论相同的教导：一个人的真正财富是内在的东西，他应该放弃自己的财产，这样才能成为"至人"；人的精神需求大于他的物质需求。

同时，通过庄子的"眼睛"解读耶稣的生活，王尔德得到一种全新的视角。例如，在他的散文诗《行善者》（*The Doer of Good*）中，王尔德描绘耶稣一个接一个地碰到被自己一度改变命运的那些人。耶稣治愈的麻风病人现在是个酒鬼。当耶稣问这个病人："你为什么这样生活？"他回答说："我本是一个麻风病人，你把我治好了。除了这样，我还能怎么生活？"瞎子被耶稣复明后，已经为妓女的色相所诱。当耶稣问他为什么时，他回答说："我本来是个瞎子，你使我能看见。除了她，我还能看什么？"进一步深入城市，耶稣看到一个熟悉的人影。耶稣跑上前去拦住她问："难道除了罪孽的路就没有其他的路可走了吗？"

> 该女子转过身来，认出耶稣，笑着说："可是你早已饶恕了我的罪孽，而这又是一条寻欢作乐的路。"
>
> 耶稣走出城去。
>
> 耶稣走到城外，看到一个年轻人正坐在路边哭泣。
>
> 耶稣朝他走去，摸一下他长长的鬈发，对他说，"你为什么哭啊？"
>
> 年轻男子抬起头来，认出耶稣，回答道："我本已死去，你使我起死回生。除了哭，我还能做什么？"[1]

---

[1]　"Poems in Prose", *Complete Works*, pp.900–901.

叶芝称《行善者》是"全世界最好的短篇小说",恰恰因为它强烈颠覆了神圣的基督教价值观。①

因此,正如庄子预测,做好事的结果事实上并不能成其为"善"。正如庄子看来,对世界的干涉——伪装成一种美德——实际变成一种让该世界继续原样运转的手段。而和庄子一样,对王尔德而言,最大的干涉是在政府的名义下完成的。在《社会主义制度下人的灵魂》一文中,王尔德以最简明扼要的语句陈述了庄子的立场:"所有形式的政府都是失败的。"②在这里,王尔德不只对现有政府宣战,也对生活中自以为是的所有权威宣战。

"有三种专制者……第一种叫帝王,第二种叫教皇,……第三种叫民众。"③

虽然没有说出其来源,但王尔德的宣言显然模仿了庄子,庄子也对这三个公共权威持完全否定的态度,甚至使用了语义上相似的三题诗结构:

庄子说:"有天子剑,有诸侯剑,有庶人剑。"④

在这三把剑中,"庶人剑"被认为特别危险,因为与官方权力不同,它强制人们遵循习俗惯例,似乎这就是他们要追求的理想状态。在谈到这种危险时,王尔德在书评里说道:"一个完全从众的人,在庄子眼里,不过是一个总想试图成为别人的人,而因此失去了他自身存在的可能仅有的理由。"⑤

因此,首先,庄子的学说帮助王尔德理清了思想,他认识到个人必须摆脱对社会的顺从。正如王尔德在《社会主义制度下人

---

① W.B.Yeats,转引自 *Oscar Wilde:The critical heritage*,Karl Beckson (ed.) (London:Routledge & Kegan Paul,l970),p.398。

② "Soul of Man",p.1181,值得注意的是,王尔德也许并未直接点出该引自庄子,只是写道:"公元前许多世纪之前,一个哲人曾经说过……"

③ "Soul of Man",p.1193.

④ *Chuang Tsu*,Chapter 30.

⑤ "A Chinese Sage",p.223.

的灵魂》一文中所说："人们……终其一生……从未意识到：他们可能正怀着别人的想法，按照别人的标准生活；而穿在身上的，实际上几乎可以被称做别人的二手衣服。他们从未有一刻做真正的自己。"然后，王尔德未指名地引用庄子的话，继续说："一位优秀的思想家说：'他如果想自由，必须不从众。'而权力，靠着收买使人顺从，在我们中制造出一种十足的物欲横流的野蛮状态。"①

正是在这些措辞中，王尔德借用了庄子自我实现的词句，而将其用于实现自己的目的。庄子书评面世后仅几个月，王尔德发表了他的著名随笔《作为艺术家的批评家》之一和之二，在这两个部分中，王尔德阐述了其思想的最关键部分。②

事实上，庄子的全部"无为"哲学可以用《作为艺术家的批评家》第一部分的副标题"略谈无为而为的重要性"作概括。将其与翟理斯所译的《庄子》作比较："（至人的）美德应该是被动、不活跃的；他应该追求'存在'而不是'行动'。"③然而，虽然庄子的"无为"哲学仍是在行动和思考之间小心寻求平衡，王尔德却完全站到了"无为"一方。因而，他借吉尔伯特之口指出，"评论一件事比做一件事要艰难得多"，而且"'无为而为'才是世界上最艰难的事情，最艰难因而最聪明"。此外，这种"无为"变成了个人发展的真正前提，因为"沉思自省的生活，它的目的不是行动而是'存在'，不是单纯地'存在'，而是'成为'……"④

---

① "Soul of Man", p.1182.

② 该文题为《批评的真正作用和价值：略论无为而为的重要性：一段对话》，其第一部分首次刊登在 1890年7月出版的《19世纪》杂志上，第二部分刊登在该刊 9月号。两文都经修订、重印并更名为《作为艺术家的批评家》（"The Critic as Artist"），收入《意图集》（*Intentions*）（1891）。

③ *Chuang Tsu*, Chapter 4.

④ "The Critic as Artist:Part II", *Complete Works*, pp.1121,1136,1138–1139.

"存在"而不"行动"的目的是从道德世界进入一个纯粹的审美世界。援引庄子的"无为"主张（即"不行动原则"），王尔德想出一个好办法，用此方法每个人不仅有可能成为艺术家，而且是他自己生活的艺术家。总之，庄子给王尔德提供了方法公式，这是王尔德形成他独特浪荡哲学的基础。

虽然今天，我们可能把一个浪荡子当做一个时髦的人，甚至是一个痴迷风度仪容的人。对王尔德及他同时代的人而言，浪荡子是他文明精神的缩影。[①] 浪荡子体现了王尔德所有的文化美德：他是维多利亚时代道德监狱里解放出来的绅士，就是说，从公众顺从的拘禁中解脱出来——正如庄子说的，"至人"是摆脱儒家枷锁支配的人。

在这些说明中，重要的是，对王尔德和庄子来说，"至人"都意味着一个男性的人。他不仅仅是一个男人，还是一种悠闲的男人。在《社会主义制度下人的灵魂》一文中，王尔德设想了一个理想社会，这个社会里每个人可以享有浪荡子的特权：悠闲、自由和富有修养。和其他同时代的人一样，王尔德懂得，无政府主义远不是可实现其逻辑目标的民主制度，而是更接近一种普遍化和道德净化的贵族统治，这就是说：它不是自由贵族们的秩序，而是一个崇高自由人士的秩序。[②] 同样，庄子宣扬的生活方式是，一个人不必对家庭、其他公民和国家承担责任，从而可以潜心于培养自我修养（这通常是达官贵人的专利）。事实上，正如人们所说的那样，庄子是这些王侯将相们的眼中钉，他们了解庄子的智慧，但不能让他屈身政务为统治者效劳。在那个世界

---

① Charles Baudelaire,"The Painter of Modern Life:The dandy", *in Baudelaire: Selected writings on art and artists*,translated by P.E.Charles (Harmonsworth,Middlesex:Penguin,1972),pp.419–422.

② 有关该设想，参见 Woodcock,*Anarchism*,p.31.或者正如保罗王子在《维拉，或虚无主义者》（Vera or the Nihilists）一文中所说，"在良好的民主制度下，每个人都应该是贵族"。参见 *Complete Works of Oscar Wilde*,pp.698–699.

上，走上仕途是通向声名威望的高速路，然而，庄子对此不屑一顾。因为尽管贫穷但对自己的生活有绝对的自主权，所以庄子认为自己已是过着贵族般的生活了。

最终，王尔德和庄子都拒绝自己的生活受制于其时代所盛行的道德观念，但他们却以截然不同的方式来看待各自的立场。庄子声称这样做是为了精神自由。而对王尔德，这种精神自由表现为一种权力形式。他的浪荡子 / 绅士们利用这项权力挽救那些身陷道德定式、面临毁灭境遇的人们。在沉思或审美的名义下，浪荡子使他们从"道德说教"的陈词中脱离出来，并为他们指明了逃避途径。相应地，浪荡子让别人相信就重要性而言，形式高于本质，或者说是举止高于道德，从而征服别人。① 王尔德的浪荡子蔑视尘世中狭隘的道德关切，从而获得了一种自由。

因此，最后，阅读庄子似乎给予了王尔德以一个"离经叛道者"的姿态生活与写作的信心。如果说王尔德的生命落得了一个灾难性的结局，他也像庄子一样，用作品改变了自己所生存的世界。而且弥漫在他作品中的不仅有这位中国哲人的学说，还有庄子的奇异悖论风格。正如下例中评品庄子的一个著名典故时所展示的那样：

> 昔者庄周梦为蝴蝶，栩栩然蝴蝶也，自喻适志与！不知周也。俄然觉，则蘧蘧然周也。不知周之梦为蝴蝶与，蝴蝶之梦为周与？周与蝴蝶，则必有分矣。此之谓物化。②

如同庄子所清楚认识到，道德话语建立在关于什么是"真"

---

① 关于浪荡子在将人们从心灵控制中解放出来方面所起的作用，参见 Jerusha McCormack,"Masks without Faces:The personalities of Oscar Wilde", *English Literature in Transition,1880–1920*,Vol.22,No.4 (1979) pp.253–269.

② *Chuang Tsu*,Chapter 2.

的共识之上。但什么是"真"？在这个话语中它永远是个颠倒的问题。在庄周的蝴蝶世界里，道德选择是不可能的，只有对"现实"变化属性的持续沉思。王尔德在其随笔《谎言的衰朽》中采用了非常相似的手法，推翻了"艺术模仿自然"及之前西方旧美学的所有陈词。他不仅推翻了这些定论，而且他的笔调如此熟练和巧妙。王尔德的风格非常轻松，以至在很长一段时间后人们才认为他是一位严肃的思想家。其实，王尔德和庄子是我唯一能想到的具有幽默感的哲学家。这不由得让人诧异，或许王尔德从庄子那里学到的最重要的一点是：即便一位严肃的思想家也可以表现得轻松诙谐——而且这种令人们开怀大笑的谐趣是一个启发人们新思想的有效手段。

一些人可能会进一步提出，王尔德在《谎言的衰朽》一文中揭示了艺术作品的影像是如何决定我们关于自然的实际感觉的，从而也为引领诸多现代西方思潮的新思维奠定了基础，无论是格式塔心理学革命，还是关于现实和自我本质的后现代观点莫不如此。如果从这个角度去理解王尔德的随笔，人们就能明白托马斯·曼等人为何已经在奥斯卡·王尔德作品中发现了弗里德里希·尼采的思想，包括他的大部分革命哲学、他的"反对道德的狂热战争"和他从道德价值向美学价值的价值转变。[1] 王尔德当时尚未读过尼采，他也不需要尼采。两千多年前，在遥远、很多人难以理解的文明国度中国，住着一个和他心灵相通的人——庄子，在庄子的作品中，王尔德已经找到了自己革命思想的确证。而且，在庄子的灵魂的伴随下，奥斯卡·王尔德开始并永远改变了人类思想的发展方向，尤其在美学方面。这种改变不仅限于他所在的英国，也不仅限于欧洲，而是发生在整个西方世界。

---

[1] "Wilde and Nietzsche", in Richard Ellmann (ed.) *Oscar Wilde:A collection of critical essays* (Englewood Cliffs,NJ:Prentice-Hall,1969),pp.169–171 ,citation from p.169.

颇为有趣的是，王尔德去世后，他的《社会主义制度下的人类灵魂》一文受到中国"五四"青年运动的推崇，[①] 因为它是一个最好的例子，证明了传统中国思想不仅曾改变了中国之外的世界，而且在"五四"时又回到中国，再次为孕育出该思想的华夏文明激发出新的灵感。

① W.B.叶芝关于该随笔受中国青年青睐的言论(1925年)，参见 Beckson (ed.)*Wilde:The critical heritage*,p.396。1908年，蒙格马利·海德提出，据罗伯特·罗斯的报道，该随笔被译成中文和俄文后，其抄本在下诺夫哥罗德的市场上出售；参见 Montogomery Hyde,*Oscar Wilde* (London:Eyre Methuen,1976),p.381。关于王尔德在整个"五四"运动(1919年) 中所起的作用，参见 Chow Tse-tsung,*The May Fourth Movement:Intellectual revolution in modern China* (Cambridge,MA:Harvard University Press,1960),p.272,p.273, p.276。

第 六 章
三代罗斯伯爵的中国植物情

布伦丹·帕逊，第七代罗斯伯爵

今天，对于大多数知晓比尔城堡的人们来说，这个地处爱尔兰心脏地带的城堡庄园以一台巨大的望远镜闻名于世，直到 20 世纪 20 年代以前，它都是可以用来遥望太空时看得最远的装置。这台望远镜是我的高祖第三代罗斯伯爵威廉·帕逊先生于 19 世纪 40 年代建造的，现已恢复原貌，坐落在城堡花园（在古诺曼语中称为"Demesne"）的中央，向所有游人开放。该区域围墙环绕，在花园中占地五十多公顷。[图 7]

也许那些对比尔城堡知之更多的人们还了解，威廉·帕逊的幼子查尔斯就是在这里出生的。查尔斯发明了蒸汽涡轮机，使轮船的航速大大提高，给海上运输带来了革命性变革。

其他人还知道比尔城堡是欧洲的大花园之一。的确，最近出版的一部著作列出了欧洲位列前三十的大花园，比尔城堡成为爱尔兰唯一的入选者。然而，似乎很少有人思考过下面的问题：园中成千上万的奇花异草大多来自何方？是谁将它们移栽到园中？它们又是如何能够长得这样枝繁叶茂？比尔城堡中的这些植物创造了许多纪录，越来越多的画家从中获得灵感，尽情描绘它们的万般风情。

艺术家们随后汇集这些画作举办了一系列展览，并特地命名为"比尔庄园花木绘画作品展"。来宾们对展览的许多情况惊讶不已：例如，尽管这些画作是以比尔城堡中来自世界各地的奇花异草为题材，然而，来自中国的花木数量远远超过世界其他国家和地区，占参展作品总数的40%以上。值得注意的是，在另外两种出版物中，中国植物也表现出同样的优势地位。其一是树种名录编辑委员会 (Tree Register) 出版的《英爱名树录》。该书收录的比尔城堡的树种位居爱尔兰之最，其中至少16种来自中国。其二，在比尔城堡出版的《五十名树红皮书》的小册子中，至少四分之一的名树来自中国。比尔城堡花园的植物或许来自多达40个不同国家（作者本人就曾引入了16个国家的植物种子），来源国横跨南北半球。同样，其中来自中国的植物数量远远超过包括美国在内的其他国家。

　　比尔城堡中来自中国的重要、美丽的花木如此众多，然而，有趣的是，如您翻阅城堡档案和植物图书馆的藏书，会发现这些植物大多来自中国的一个地区——从华中延伸到西南，特别是川、滇两省（而且以后者为甚）。这些花木之所以能在比尔城堡生长得枝繁叶茂一定是得益于这里降雨充沛的气候特征。比尔城堡的年均降雨量仅略高于100厘米，与中国中部地区相比，更接近处于季风区边缘的云南河谷地带。中国中部地区通常降水更少，极端温度出现的天数更多。尽管比尔城堡的土壤比云南的酸性低，但许多厌钙植物（如木兰、杜鹃）在这里生长得非常好，受到游人的欢迎。

　　比尔城堡最初引入中国植物的历史可追溯到一个多世纪前。这里，我们需要谈起另一位爱尔兰人——奥古斯汀·亨利。亨利出生于一个叫奥内维 (Ollnnevigh) 的古老爱尔兰家族，居住在现今的北爱尔兰，信奉天主教，几个世纪前新教徒定居者到来时，他们就丧失了土地。亨利自小生活俭朴，长大后，努力考取了英女王学院（高威），并获得金质奖章和一级荣誉学位。随后，他又被贝尔法斯特女王大学录取，并于 1879 年获得医学学位。他的资质恰好符合大清帝国海关总税务司的标准，录用也就顺理成章。1881 年，亨利正式赴任，很快被派遣到位于长江上游的湖北宜昌，那里离入海口有几千公里。长江的源头位于宜昌以西的山区，比尔城堡的很多优良植物品种可以在这里找到。幸运的是，亨利在该地任职十多年，有足够的时间和精力去探索植物的奥秘。

亨利在宜昌西部的发现颇多，现在一些植物的正式命名都有他的功劳。例如，香果树、毛肋杜鹃、毛糯米椴。在比尔城堡的花园里，游人可观赏到许多株上述三种植物，后两种的图样还分别刊登在《花木图谱》和《爱尔兰花卉博览》上。

比尔城堡的很多最重要植物是我祖父与亨利合作的结晶，这种合作早在 1908 年祖父继承比尔城堡的爵位时就已开始。那时，亨利在对很多不知名的中国植物分类方面已做了大量工作。事实上，归于他名下的植物只占其数百种发现中的一小部分。1885 年，他开始将收集的植物种子样本送回英国皇家植物园——邱园，以便研究和归类。在这批植物种子中，不乏精品：例如，著名的鸽子树或者手帕树；奇香无比的厚朴，即香木兰（incense magnolia）（本书加入了帕特西亚·乔根森绘制的油画《木兰图》，[见图 8]；比尔城堡的神秘去处——冬园里生长的优雅的冬青叶鼠刺；金缕梅；比尔城堡两处地方栽种的稀有的中国橡胶树——杜仲；同样罕见的罩壁木几乎爬满了比尔城堡的墙壁，直至城堡顶部的城垛。多亏亨利，中国的珍奇植物才得以让人们在比尔城堡大饱眼福。当时生活在中国的欧洲人都称他为"爱尔兰学者"。至于中国学者是如何看待他的，我们从中国科学院出版的《中国植物图谱》（第二卷）中对他的评述可见一斑。以下是俞德浚（T.T.Yu）（我们应该多了解一下他）送给我父亲的书中所写的：奥古斯汀·亨利在华中和中国西南地区通过不懈努力，对众多植物品种进行了研究、探索，大大丰富了我们对中国植物的认识。

我祖父除与亨利合作外，也喜欢尝试栽种在中国发现的各种新植物，因而，他支持其他的探索，并直接从法国和伦敦订购新品种。1914年第一次世界大战爆发前，祖父从法、英两国分别采购了价值13旧法郎和6先令的两种植物，后来也成为《五十名树红皮书》中最闪亮的两颗明星：其一为城堡空地上靠着壕沟侧壁生长的高大山玉兰树；其二为《植物人》杂志（2007年12月号）特写中所讲的那种不多见的山羊角树。

山羊角树可以说是比尔城堡众多稀有中国植物中最珍贵的，我们等了80年才看到它开一次花。不过花开时，光彩照人，就算在月光下也可以欣赏它的美丽。

在我们家族史上，我叔叔德斯蒙德有着最深厚的中国情结。德斯蒙德·帕逊是我父亲迈克尔的弟弟，很有审美情趣。他在英国和爱尔兰都不开心。不过，他天生具有语言天赋，讲一口流利的法语和德语，起初游历于欧洲各国，随后去了中国。

到北平（今天的北京）后，叔叔立刻就边在大学担任外籍教师，边学中文。他在翠花胡同8号安家，内部装饰完全是中国传统风格。也就是在这里，他开始收集中国瓷器、扇子、屏风和长袍，尤其是美轮美奂的中国卷轴画，这些至今仍保存在比尔城堡的箱子里；在这里，他翻译了第一本书，是关于中国民间故事和童话的；也正是在这里，他招待亲朋好友，包括他的朋友、美学家哈罗德·阿克顿［见图9］，他来北京找叔叔。叔叔在胡同里建立了自己的圈子，既有欧洲朋友，也有中国朋友。1935年，我父母度蜜月期间曾在北平逗留了很长一段时间，这些朋友显得弥足珍贵。

叔叔在北京逐渐站稳了脚跟，而父亲仍旧继承着祖父的传

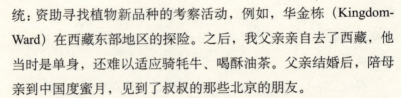

统：资助寻找植物新品种的考察活动，例如，华金栋（Kingdom-Ward）在西藏东部地区的探险。之后，我父亲亲自去了西藏，他当时是单身，还难以适应骑牦牛、喝酥油茶。父亲结婚后，陪母亲到中国度蜜月，见到了叔叔的那些北京的朋友。

其中一位朋友是溥儒，他是末代皇帝溥仪的堂兄弟，曾被认为是王位继承人。他后来沦为地位卑微的画家，曾送给我母亲一把简单小巧的折扇，上面有他的亲笔画。我们把它放在比尔城堡的家里，珍藏至今。

另一位朋友是胡先骕教授，时任北京静生生物调查所所长。正是在胡教授的协助下，我父亲组织了三次重大的植物调查，带队人是俞德浚先生，历时三年（1937—1939年）。这三次植物调查的成果是找到了另外一些稀有树种，现在在比尔城堡也可以看到，例如毛糯米椴。更值得一提的是，比尔城堡中保存了我父亲的一些通信文稿，其中有在四川发现植物活化石水杉过程的最早记述。史料还显示，叔叔的朋友胡先骕教授于1948年1月将水杉种子寄给我父亲，因此，父亲也是欧洲头一个得到该种子的人。很遗憾，这粒种子没能成活。同年晚些时候寄来的第二颗种子成活了，于是，在1951年成为爱尔兰有史以来首次栽种的水杉，当然，今天它仍生长在比尔城堡，供人们驻足观赏。

令人遗憾的是，随着开发商的开发步伐加快，北京的许多传统四合院都被推倒，叔叔曾住过的那个胡同也已不复存在。同样遗憾的是，他自己也没能在有生之年看到他所带来的积极影响。他一直梦想去敦煌石窟（位于中国西北部的甘肃省沙洲市）看看，用相机拍下墙上的壁画。摄影是他的最大爱好。如今，联合国教科文组织已将莫高窟命名为世界文化遗产。三年前，我们乘坐舒适的大巴游览丝绸之路，最后一站就是莫高窟的一个洞窟，令人叹为观止。七十年前，叔叔去那里旅行，历尽艰险，虽然死里逃生，但留下了致命的病根。具有讽刺意味的是，在当地警察的帮助下，叔叔花了五天时间拍摄照片，留下了这些石窟的记录（目前保存在伦敦大学亚非学院），然后，他踏上了漫长的归途，最后却被关入监牢。迫于英国的外交施压，中方很快将叔叔释放。叔叔最后回到北京时已是病入膏肓：医生诊断出已患两种绝症。1936年新年期间，我父母陪他乘坐横跨西伯利亚的火车返回欧洲，但叔叔一年后就在瑞士的一家疗养院病逝。

1993年，我沿着父母的足迹，来到云南。当时，我的大儿子帕特里克（包柏德）正就读于北京语言学院。起初，帕特里克决定去中国看看，香港是第一站。不久，他发现那里根本不是"真正的中国"。儿子俏皮地问，我们做父母的是否支持他北上、去中国最好的语言学院深造。他想去，我们当然再高兴不过了，尤其是看到一年后他就可以凭借在电影中客串"洋鬼子"自食其力。尽管他的从影经历曾让他在之后的一两年内小有名气，走在北京街头难免被认出，但并不妨碍他之后在中国房地产界的发展。如今，他在房地产行业已经打拼了整整十年。

帕特里克最初负责仲量联行的研究部门。其后，他专注于中国市场，在我看来，欧洲人很少像他那样。最近，他在银安集团任执行主席，负责12个项目，其中包括两个海岛和一个山区度假村及多个城市中心区开发项目，这些项目位于河北、福建、辽宁等省。帕特里克还协助成立了爱尔兰投资咨询公司，并担任战略合伙人与董事。

身兼以上数职似乎还不够他忙活，帕特里克还在爱尔兰中国网络（INC）担任了三年主席。这三年有着特殊的意义，不仅见证了首位爱尔兰总统的对华国事访问，同时爱尔兰也派出了有史以来阵容最为强大的政府和贸易代表团。帕特里克还被任命为2008年爱尔兰奥林匹克专员，这次在北京举办的奥运会盛况空前，成为历史上最成功的一届奥运会。

关于帕特里克的故事还有很多，他还娶了位中国太太——安

第六章　三代罗斯伯爵的中国植物情

娜·林。她是天津电视台的一位很有才华的女主播。当年他们在北京举办婚礼时，街上的路人和司机都驻足观看，看着她坐着轿子举办婚礼。他们在华办完中国味儿的婚礼后，紧接着又回爱尔兰办了场西方式的婚礼。安娜婚后给我们带来了第一个孙女，叫奥莉维亚·罗丝（雪薇），因为她在一月份出生，像一朵寒冬的玫瑰。而且生日1月8日的数字很吉利，我们入乡随俗，已经能够接受这些观念了。孙女才3岁，双语宝宝，就迎来了她的弟弟威廉·查理斯（雨梵）。至此，我们有了两个中爱混血宝贝，看着他们，就像看见了比尔城堡花园里的牡丹。

我们的次子叫麦克，比帕特里克小12岁，兄弟俩有很多不同之处。不管是出于对传统的认同，还是出于直觉，麦克也对中国很着迷。像帕特里克一样，他在北京第二外国语学院努力学习中文，然后在西单小学和百年职业学校（为外来农民工子女提供免费教育和培训）教英文。百年职业学校刚刚创办，理念很新，资金预算不足，缺这少那，比如，缺少专门的课程计划、教学资料和设备。为了解决这些问题，麦克联合他的朋友及家人展开从北京至西藏的募捐活动，共募集资金两万四千多元，足以维持来年英语教学方面的开销。2006年9月，麦克参加"亚洲教育北京论坛"，起初是作为项目专员，后来成为信息交流主管。他协助组织了2006年和2007年论坛年会以及延吉国际旅游大会。2008年，他作为欧盟委员会驻北京代表团新闻出版和信息部的实习生，在华工作了半年。

如果说我们唯一的女儿阿利希娅波斯味儿比中国味儿更浓，也是意料之中。因为她出生在伊朗，当时我任职于联合国开发计划署驻伊朗办事处，而且她童年也是在那里度过的。阿利希娅也去过中国，最近一次是我过七十大寿，她给了我一个惊喜。生日宴会和地点是帕特里克安排的，紫禁城的美景尽收眼底，颇有皇家格调。前年她在都柏林的教堂与爱尔兰丈夫举行婚礼的时候，并没有捧着一束花，而只是拿着一支中国的木兰花，是最惹眼、最芳香的那种，也是由奥古斯汀·亨利发现的。木兰花通常被人们称为"香木兰"。或许是天意，比尔城堡的木兰花那天恰好开放来装点阿利希娅，并保佑她，与婚礼的仪式上使用的木兰花的芳香相得益彰。

讲了很多我们家族与中国千丝万缕的关系，以及祖辈们将中国种类繁多的植物引进比尔城堡的过程，我最后想讲讲来比尔城堡访问的华人同样精彩的故事。

第一批来比尔城堡访问的华人是中国奥运射箭队，由李天民（音译）带队。当时，我父亲刚过世不久，我负责接待。1980年5月，他们在比尔城堡停留了两天，对着立在城堡前面的靶子射击，百发百中（我们还担心会击碎玻璃）。谁会想到就是在他们竞技的这座城堡里住着28年后北京首次举办奥运会时的爱尔兰奥运专员？

同时，在1982年，中国驻爱尔兰大使龚普生女士访问比尔城堡，我们能有幸向她献上一束本地栽培的中西合璧的中国牡丹花，名字叫"安娜·罗斯"。[图10]自从龚大使观赏比尔城堡的花卉之后，另两位中国驻爱大使也相继到来：2005年来访的沙海林博士和他的继任者张鑫森大使，后者于前年来访。

1986年，北京植物园和位于北京、广州两地的中科院植物研究所的三位主要官员，在 E.C. 纳尔逊博士（来自格拉思内文国家植物园）的陪同下在比尔城堡访问了两天。这为之后两国间展开植物学实质性的研究与合作铺平了道路。不久，在中国国际人才交流协会的支持下，两组中国植物学专家赴比尔城堡参与合作。其中一组来自北京植物研究所，另一组来自昆明植物研究所。这些年轻的植物学家检验出了那些原产自中国的植物，并制作了植物标本集。多年来，我们邀请了数十位来自世界各地的访问学者，并一直认为来自中国的唐宇丹女士的贡献最为突出，因

第六章　三代罗斯伯爵的中国植物情

为她将工作成果整理成书，其中包括检验我们在比尔城堡收集的各种橡树样本的成果。在比尔城堡还有很多值得开展的研究工作，比如对比植物在当地与中国生长的差异。

我并非植物学家、园艺学家、林学家或者造园技师，也没有任何其他可以让我进入这个行当的专业认证或资质，我只获得过历史学学位，接受过发展经济学方面的培训，并凭借这种背景任职于联合国驻非洲和亚洲代表处。然而，回首过去，令人欣喜的是，比尔城堡引进的最成功的植物大多源自中国，而越来越令我的家族魂牵梦萦的也是中国，中国也成了我们增长最快的旅游客源国。两三年前，比尔城堡对于中国旅游团来说还比较陌生。去年，来比尔城堡旅游的中国团人次比前年多七倍，其中包括来自上海重点学校的校长，因此打开了教育行业旅游的市场。我们已经开始用中文发布基本的旅游信息。

在过去的一个世纪，我们的家族史几乎都如同那些植物一样，根植于比尔城堡这片沃土了。我们对中国的特殊兴趣也是无处不在，从珍贵植物到名优树种，不胜枚举。我们相信中国与比尔城堡的关系比爱尔兰任何其他地方都别具风味、源远流长，当然，唯一的例外是都柏林切斯特比特图书馆的那些藏品。这些过去的联系让我们有理由来展望未来，未来我们会欢迎越来越多的中国游客——就像我们欢迎美国和欧洲其他国家的游客一样——希望他们在这块幅员不大却宝贵的土地上，不仅看看中国的植物是如何移栽到这里，还要看看它们如何在这里欣欣向荣、枝繁叶茂。

图7
　　比尔城堡（爱尔兰奥法利郡）：花园园景一瞥

图8
    比尔城堡花园的凹叶厚朴
    帕特西亚·乔根森 绘

图9

德斯蒙德·帕逊与亲友在北京老四合院家中的合影

从左至右分别为：德斯蒙德·帕逊；他的母亲，伯爵遗孀；伯爵遗孀的儿媳（作者的母亲），罗斯伯爵夫人安；哈罗德·阿克顿。1935年，作者父母度蜜月期间，在北京逗留了很长时间

图10

　　1982年，中国首任驻爱尔兰大使龚普生女士在E.C.纳尔逊博士（格拉思内文国家植物园）的陪同下访问比尔城堡庄园，同行的还有罗斯伯爵和他的长子帕特里克·帕逊（奥克斯曼城子爵）

图11

　　汉阳教区主教爱德华·葛尔文（1927-1956）在为信徒施洗礼
约摄于1940年
圣高隆庞会惠允使用本照片

第 七 章
英雄主义与热情
——爱尔兰赴华基督使团的先驱

帕特里克·科默福德和理查德·奥利里

　　"过去爱尔兰多余的牧师往往被派遣到美国和澳大利亚引导被流放的人们。但现在这些国家的情况正在迅速发生变化。美国和澳大利亚许多教区已能够自给自足，爱尔兰终于有暇将她的注意力转向异教徒世界。在她面前展开的将是一段多么伟大的征途！"[①]1915年，爱德华·葛尔文（Edward Galvin），一位在中国传教的年轻的爱尔兰天主教神父在给他远在爱尔兰的教会学徒的书信中如是写道。葛尔文是来自爱尔兰的众多传教士中的一员，这个群体中既有天主教神父，也有新教牧师，他们堪称爱尔兰在华传教士的先驱。本文旨在追溯这些传教士的经历，记载下他们给爱尔兰和中国所带来的影响。

　　基督教最早于7世纪由它的一支——聂斯脱利派传入中国。最早来中国传教的是罗马天主教。最初在16世纪由少数耶稣会传教士开启的传教活动，在19、20世纪时取得了长足的发展，

[①]　1915年 9月写给梅努斯学生的信。Bernard Smyth, *The Chinese Batch: The Maynooth mission to China, origins, 1911–1920* (Dublin: Four Courts, 1994), p.44.

其中法国传教士的贡献尤为可观。尽管如此，纵观中国近代史，在新中国成立之前，基督教从数量上看仍然只是一个很小的宗教团体。

第一位到中国的新教传教士是来自伦敦传教会的罗伯特·莫里森，他于 1807 年来到澳门。首批英国国教传教士到 19 世纪 40 年代才踏上中国的土地，他们中间有三人是都柏林大学圣三一学院的毕业生，其中威廉·阿姆斯特朗·罗素后来成为中国第一位爱尔兰裔主教。罗素和另外三位来自爱尔兰国教会（又称爱尔兰圣公会）的新教主教在推动中国本土独立的英国国教教会成立过程中发挥了关键作用。

相比之下，首批爱尔兰天主教传教士来到中国的时间晚了许多，它们是由圣高隆庞传教会派遣的，[①] 人们一般称之为梅努斯中国传教会。后来成为汉阳教区（汉阳现为中国中部湖北省武汉市的一个辖区）主教的爱德华·葛尔文是该传教会的主要创始人之一。[图 11] 葛尔文和他的合伙人约翰·布罗未克神父及慕洛妮修女（她建立了高隆庞女修会）三人是爱尔兰在华传教活动的先驱。他们的贡献不止于在中国传教，还成立了一个完全本土化的新的爱尔兰天主教会组织。通过这些工作，他们帮助爱尔兰普通民众加深了对中国和海外传教活动的认识。

1909 年，来自科克郡纽切斯特镇的爱德华·葛尔文在梅努斯圣帕特里克学院被任命为天主教神父。他原本打算在故乡科克郡教区任职，但实际上在接下来的三年里，他却以暂借神父的身份来到纽约市布鲁克林教区服务。葛尔文很早就期望成为一名传教士，他因此阅读了布鲁克林公共图书馆能找到的所有关于中国

---

① 高隆庞 /梅努斯传教活动的历史，参见 Smyth, *Chinese Batch*; William Barrett, *The Red Lacquered Gate:The story of Bishop Galvin,co-founder of the Columban Fathers* (New York:Sheed and Ward,1967);Neil Collins, *The Splendid Cause* (Dublin:Columba Press,forthcoming 2009)。

的书。此时，他遇到一位加拿大籍传教士弗雷泽神父。后者刚刚结束在爱尔兰和美国关于传教的巡回演讲，打算回中国继续自己的工作，正是他说服葛尔文一同前往中国。

1912 年到 1916 年间，葛尔文神父初到中国，与来自法国遣使会的传教士们一起在浙江省生活、传教。但他始终与爱尔兰保持联系：不仅写信给自己的家人，还写给在梅努斯国家神学院的神父和学生们，鼓励他们投身中国的传教事业。[①] 在给梅努斯的一名学生的信中，葛尔文神父写道："我希望有一天，爱尔兰能够拥有一支训练有素的传教士队伍，像法国、比利时和美国一样，成立一个国家神学院，将它的影响力拓展到爱尔兰的每个角落，招纳那些愿意为上帝和天下苍生奉献一切的兄弟们。"[②]

葛尔文神父认为爱尔兰天主教会不够强大，难以应对在中国传教的挑战，并给梅努斯神学院学生们提出相关建议（见开头的引文）。1914 年中期，他得知两位之前与他保持通信的神父——科克的约瑟夫·奥利里和卡文的帕特里克·奥赖利——决定投身在中国传教的事业并将在年内抵达中国与他一同工作。当时，主导天主教传教工作的是法国传教士，在传教方式和理念方面，爱尔兰传教士自觉与之存在一定的分歧。葛尔文神父和奥利里神父认为，如爱尔兰在中国拥有自己的传教会，其对中国传教工作的贡献将得到加强。"我希望未来爱尔兰的传教士能够在中国拥有自己的教区，"奥利里神父在中国写道，"中国尚有广阔的空间。我相信如果爱尔兰传教士能够在此拥有自己的教区，他们会成为来到中国的传教士中最成功的一支力量。当然，法国传教士干得不错，但他们太保守了。他们是彻头彻尾的绅士，他们制定的教

---

① 他的母亲还周到地把他的礼物——订阅的《科克观察者》(Cork Examiner) 改寄到中国。

② 1913 年 11 月 1 日给吉姆·欧·康耐尔 (Jim O Connell) 的信。Smyth, p.44.

规甚至可能会连传教士穿的法衣和脸上胡须的数目都要管。"①

　　葛尔文、奥利里和奥赖利三人一到中国，就筹划好该做的事情：在中国组建一个海外传教会，在爱尔兰成立配套的神学院；在中国成立一个经罗马教会批准、属爱尔兰传教范围的教区让爱尔兰传教士们共同工作；争取爱尔兰海外移民的支持。② 带着这些计划，葛尔文神父在 1916 年回到了爱尔兰。

　　葛尔文神父很清楚，作为一个年轻、资历尚浅的神父，要想使自己的计划得到采纳，必须在天主教会中找到强大的援手。想到这一点，他决定向约翰·布罗未克神父求助。约翰·布罗未克神父于 1888 年生于梅奥郡的贝尔卡拉，1916 年时，他已经成为梅努斯圣帕特里克学院的教义神学教授。受到弗雷泽神父对中国传教事业满腔热情的感染，布罗未克神父同意向他伸出援手：1916 年 10 月在梅努斯举行的爱尔兰主教会议上，布罗未克神父同意共同提出建议，向中国派遣一支新的传教队伍。结果远出乎预料，会议不仅同意成立新的圣高隆庞海外传教会，还公开发表了声明，声称"他们很高兴批准这个计划并向其表示祝福，还诚恳地建议忠实信徒们为成立这个传教会提供慷慨的援助和支持。这个传教会将培养、训练那些愿意本着积极传教的精神舍身前往异教徒国家传播信仰的爱尔兰传教士"③。

　　新的传教会以 6 世纪爱尔兰著名传教士圣高隆庞的名字命名，当时爱尔兰传教士因向为数众多的还未皈依基督教的西欧国家传播信仰而闻名于世。这个名字体现了海外传教会重现爱尔兰海外传教光荣历史的愿望。事实上，在历史学家埃德蒙·霍根看来，梅努斯中国传教会的建立的确是爱尔兰现代传教运动的分水岭，标志着爱尔兰传教理想大规模变为现实的历史性时刻的到

① Barrett, p.75.
② Smyth, p.50.
③ Barrett, p.98.

来。①

　　在 1917 年 7 月葛尔文神父在罗马成功觐见教皇班尼狄克十五世后，梵蒂冈终于同意将中国中部湖北省汉阳一带划为爱尔兰海外传教会的教区。实际上，圣高隆庞将在中国负责一块面积相当于爱尔兰卡洛郡的教区的传教工作。这一居住着数百万人口的教区里只有一个规模很小的中国天主教社团。成立传教会的申请得到正式批准是一回事，开展实质性的传教工作又是另一回事。这一进程对爱尔兰和中国的影响同样深远。传教会中最初寥寥数人的工作在爱尔兰本土和爱尔兰海外移民中引起了强烈反响，他们的理想被描述为"再现爱尔兰传教史昔日辉煌的远征"。②

　　这场传教运动规模宏大又系统有序。后来担任传教会会长的布罗未克神父写信给爱尔兰主教，请求他们允许借助星期天弥撒和主教辖区的神学院寻求资助。大部分主教接受了这些请求，在 1916 年后向由葛尔文、布罗未克、爱德华·麦卡锡等神父发起的宣传、筹资活动提供帮助。据麦卡锡神父称："大部分时间里我们都在旅行，搭乘火车、摩托、自行车等交通工具。你可以想象一下那种滋味，四处面见教区神父，每个星期天讲道三场，工作日在学校和女修道院讲演。一边组织讲演一边访问辖区的每一位执事，我们没有一刻自己的时间。"③传教活动大量借助报刊的力量为新教会宣传造势。另外，传教会也出版刊名为《远东》(*The Far East*) 的杂志，初期印量达 1 万份。第一年布罗未克称他们已在爱尔兰筹得 33000 英镑资金。④

①　Edmund Hogan,*The Irish Missionary Movement:An historical survey 1830–1980* (Dublin:Gill and Macmillan,1990),p.91.

②　Smyth,p.74.

③　Barrett,p.99.

④　Smyth,p.80.

新传教会发展迅速，与此同时，爱尔兰本国的民族主义运动也成燎原之势。有人问布罗未克神父在他看来1916年的复活节起义是否推动了传教运动的发展。他回答说："我确信1916年的起义间接促进了我们的事业。我很清楚起义的领袖用他们的牺牲唤醒了这个国家许多年轻人的英勇和热忱。"[①]这个观点是有道理的。爱德华·麦卡锡神父这样描述他于1916年、1917年间巡回传教的经历："我在多尼戈尔郡北部的卡多纳讲道时，教区牧师是这样介绍我的——'你们下次听见麦卡锡神父的名字时，他将成为中国的殉道者。'我在那里筹集到60英镑。"[②]

当然，在中国的神父事实上常常来不及成为殉道者，就因健康问题过早辞世。但这也证明了当时理想主义和对殉道者的同情在爱尔兰是如何大行其道并深刻地影响着那些关注政治和宗教的人民的。这种影响也不局限于爱尔兰天主教徒。早期爱尔兰新教传教士的悲惨死亡，如1895年罗伯特·斯图尔特一家惨遭谋杀和1897年约瑟夫·科林斯一家溺水身亡，不仅没有吓倒后来者，反而激励更多的爱尔兰传教士前往中国。

事实上，圣高隆庞历史学家迈克尔·奥尼尔就认为，传教运动为爱尔兰天主教徒提供了一个宣泄其理想主义情怀的出路，这种理想主义没有受到宣扬暴力的爱尔兰民族主义的影响，后者并不为天主教领导层所欣赏。[③]但霍根坚持认为，即便没有复活节起义，梅努斯传教会仍然能够成功，因为"爱尔兰早就有志于传教事业并能够深度投入其中"。[④]

在国外，葛尔文神父于1917年到美国巡回布道，从众多爱

---

① Smyth,p.84.

② Barrett,p.100.

③ Michael O'Neill,"1916 and All That", Columban Central History Archive,Dalgan,code 1916,vol.1,p.17.

④ Hogan,p.95.

裔美国主教那里获得了相当可观的援助。他试图在美国为圣高隆庞争取一个主教区并于 1917 年在内布拉斯加州的奥马哈取得成功。他随即前往该市商业中心，租下了一个单间作为办公场所并打出"爱尔兰在中国传教"的招牌。[①] 在美国，筹资和吸引年轻神职人员加入传教事业两方面的工作都取得了成功。到 1920 年，美国版《远东》的订阅者已达 6 万人。澳大利亚也成立了一个圣高隆庞中心。

　　布罗未克神父号召爱尔兰女性来中国和传教士一起工作。1918 年，圣高隆庞会的创建者之一弗朗西斯·慕洛妮修女（1873—1959 年）响应这一召唤来到中国。慕洛妮修女生于伦敦的一个爱尔兰裔家庭，1913 年不幸丧偶后，她从意大利移居爱尔兰，全身心地投入慈善和宗教活动中。布罗未克神父曾设想过新成立一个修道会，由那些立志为中国病人提供医疗救助的修女组成。[②] 慕洛妮女士和一小批志同道合的女性毫不迟疑地申请参加助产士训练。1920 年，她前往伦敦接受热带医学方面的训练。慕洛妮女士在资助中国传教事业方面也十分慷慨。在接受医学训练的同时，有关宗教组织的安排进展缓慢，到 1922 年才启动。慕洛妮女士最终成为圣高隆庞修女圣公会的创始人之一。[③] 葛尔文神父提醒她们既要虔诚又要能够吃苦耐劳，用他的话说："诊断集结号响起时，女人应该在片刻之间跳上马背，病人多远就要走多远。"[④] 截至 1926 年，慕洛妮女士（后称"玛丽·帕特里克修女"）等 6 名修女抵达中国。

　　经过这些准备工作，1920 年布罗未克和葛尔文神父带领着

---

① Barrett, p.118.

② Sheila Lucey, *Frances Moloney; Co-founder of the Missionary Sisters of St Columban* (Dublin: Dominican, 1999), p.150.

③ 弗朗西斯·慕洛妮 (Frances Moloney) 传记，可参见 Lucey, 1999.

④ Lucey, p.182.

第一批高隆庞传教士来到中国，在汉阳成立了爱尔兰的第一个天主教传教区。[图12]1920年10月24日，葛尔文神父写道："今天帕特里克·约瑟夫·王先生接受了我的洗礼，这是我们第一次在中国施洗礼。上帝保佑。"①

高隆庞传教会在中国见证了严重的洪灾、大饥荒、内战和日本入侵。高隆庞的神父和修女们在这些危难时刻向中国人民提供了人道主义援助，功不可没。中方合作提供的有关他们在宗教、教育和医疗方面所做工作的记载在别处有迹可寻。② 这里仅仅简单提及其他爱尔兰天主教组织所做的传教工作，例如基督教兄弟会和爱尔兰遣使会，前者与高隆庞传教会一起在汉阳地区为中国儿童开办小学教育。爱尔兰人在中国的传教工作一直持续到20世纪50年代初期。那时，所有在中国的外国传教士，不管属于新教还是天主教，都离开了中国。

关于爱尔兰新教的传教机构，值得一提的是在普世运动兴起和第二次梵蒂冈会议召开前，新教和天主教传教士总是相互提防、不相往来，这个情况也存在于来中国传教的爱尔兰天主教、新教神职人员之间。最典型的事例是来自西部科克郡的两个充满理想主义色彩的传教士的故事。天主教神父爱德华·葛尔文和循道宗牧师萨莉·沃尔夫医生③ 在两次世界大战之间的数十年间同时在武汉地区传教，但很显然他们没有注意到彼此的存在。在各自的宗教派别的巨大分歧面前，他们在国籍和地域上的共同点显得微不足道。

历史上，爱尔兰国教会和英国国教的两支传教组织曾在中国

---

① Barrett,p.155.

② 有关例子，参见 Barrett,pp.272–293.

③ 有关来自斯基伯林的萨莉·沃尔夫医生，一位在华传教士（1915—1951年）救死扶伤的故事，参见简·赖特所著的传记：Jane Wright,*She Left Her Heart in China* (Co.Down:Irvine News Agency,1999)。

传教：一支是教会传教士协会的爱尔兰分支，又称爱尔兰国教传教会；另一支是都柏林大学远东传教会，1885 年由都柏林大学圣三一学院组建，称为都柏林大学福建传教会。①1897 年教会传教士协会将福建省划归爱尔兰传教士的传教范围，这一举动再次表明了爱尔兰国教会对中国传教活动的支持。

19 世纪 40 年代首批来到中国的英国国教传教士中包括三名都柏林大学圣三一学院的毕业生，其中最著名的是威廉·阿姆斯特朗·罗素神父，他是中国的首位爱尔兰籍英国国教主教。② 在中国建立独立的英国国教教会过程中，他起到了关键作用，该教会在中国被称为中华圣公会。罗素通过与其他三位爱尔兰国教会主教的合作，将中国的教会从一个依附型的传教组织发展为真正本土化的独立教会。这三位主教分别是浙江的赫伯特·詹姆斯·莫洛尼、福建的约翰·欣德和浙江的约翰·柯蒂斯。③

威廉·罗素（1821—1879 年）来自蒂珀雷里郡的利特尔顿镇。他 1847 年来到中国，主要在宁波一带传教。1859 年第二次鸦片战争结束时，他发现英国强加的条约条款使中国人备受屈辱，暴露了人性中的残忍、贪婪和邪恶，对此深感痛心并谴责这些行径。1861 年太平天国起义席卷宁波，尽管并非出于其所愿，罗素还是应召回到英国，在那里他将《新约》和《祈祷书》译成中文。随着在宁波设立教区建议的提出，他再次听到中国的召

---

① 有关都柏林大学远东传教会 (DUFEM) 的历史，参见 R.M.Gwynn, E. M.Morton and B.W.Simpson, *TCD in China* (Dublin:Church of Ireland Publishing,1936,reprinted 1948);D.M.McFarlan, *Whosoever Plants* (Dublin:DUFEM,1993).

② 另外两个人，其一是威廉·法默，他曾在上海短暂工作；另一位是托马斯·麦克拉特奇牧师，他曾在上海工作，把三卷《福音书》和英国国教会《祈祷书》的一部分译成中文。

③ 对这些主教更充分的传记资料，参见 Patrick Comerford, *From Mission to Independence:Four Irish bishops in China* (Dublin and Shanghai:DUFEM,2006) and Jack Hodgins, *Sister Island,History of the Church Missionary, Society in Ireland 1814–1994* (Belfast:CMS Ireland,1997).

唤。

在关于教区范围和传教活动是否应摆脱香港殖民利益、贸易利益和政治利益的影响等问题上，传教会未能达成一致，因而罗素的这一任命被推迟。新的教区包括北纬 28 度以北的中国领土及在上海和北京传教的英国国教神职人员。1872 年罗素被任命为中国华北地区的首任主教，开始着手组建一个名副其实的中国教会。北京的传教活动交给了英国国教中属于高派教会的福音传播会和美国圣公会，罗素则负责宁波、杭州、上海等地的工作。上海是当时中国的重要港口和商业中心。1875 年，上海圣三一堂成为罗素所在教区的总礼拜堂。

罗素希望他的教区能够不为香港的殖民利益所左右，不依赖殖民主义和帝国主义扩张为其带来的机会，而是走独立发展、传播福音的道路。他希望中国能有自己的牧师、中文的圣经和祈祷书，并希望这些做法能够帮助中国发展具有自身特色、能够自我繁衍、自给自足、独立自治的教会。

1879 年罗素在宁波辞世时，华北教区被分成两部分：以北京为总部所在地、后转让给福音传播会的华北教区和以上海为总部的华中教区。

赫伯特·詹姆斯·莫洛尼的做法与罗素相似：在就任华中教区主教后，莫洛尼同样努力摆脱传教会的束缚，致力于使教区成为真正的中国教会的一个组成部分。莫洛尼 1865 年生于都柏林，1908 年任主教。一年后，中国教区的名称和范围都发生了变化，他成为浙江教区主教，该教区下辖杭州、宁波及有众多讲英语信众的上海圣三一堂。莫洛尼最初的举措是任命一名中国籍牧师邢采生（音译，Sing Tsae-Seng）担任副主教。为减少外国传教士对浙江教区的控制，他于 1910 年提议成立相对独立的中国教会理事会，由教区委员会负责教区的一切事务。该提议遭到传教会的否决，却得到了本教区传教士的支持，后者认为中国需要的不是传教士，而是中国本土的传道师和教师。

1912 年，除香港维多利亚教区外，中国的 12 个英国国教和圣公会教区合并成一个独立的英国国教教会，定名为中华圣公会，直译为中国天主教会，这个名称表明相对于循道宗、长老会、浸礼会和中国内地会之类的新教派别，在中国的主教、神父和教会更认同天主教的宗教思想、礼拜仪式和惯例。这一命名也体现了爱尔兰人实现基督教不同派别大联合的世界主义思想，特别是在中国天主教和新教存在巨大分歧的背景下具有重要的含义，即英国国教可以充当基督教两大传统间沟通的桥梁。

在推动中国圣公会独立自治和本土化的过程中，莫洛尼起了关键作用。在爱尔兰国教会的强大影响下，中华圣公会第一次大会通过了该会章程。1912—1913 年间从欧洲来浙江的教会传教士协会代表十分欣赏莫洛尼教区里"井然有序的教会生活"，但对本地委员会负责组织传教工作的做法颇有微词。尽管如此，莫洛尼继续坚持下放权力，将外国传教会的财产转移给本地教会。1917 年杭州会议接受了他设立中国籍副主教的请求，于 1918 年任命邢采生为副主教。

1921 年中华圣公会寻求英国国教会承认其自治教会地位。但莫洛尼将教区管理权从外国传教士转移到本地教会领袖手中的愿望遭到众多传教士的反对，后者认为莫洛尼是在"扼杀福音传道"，或是在追求权力和独裁。尽管如此，到 1928 年退休时，莫洛尼已将教会传教士协会的大部分财产，包括教堂、学校和医院，转移到教区手中。

约翰·欣德（1879—1958 年）与莫洛尼所见略同。这位生于贝尔法斯特的福建主教同样认识到建立真正意义上中国教会的必要性。事实上，他关于传教活动和教会建设的理念及设想与今天中国教会发展的基本思路有许多共通之处。还在都柏林大学圣三一学院读书时，欣德就活跃在学校的远东传教会。1903 年他在香港接受任命，负责福宁地区和教区事务。他步行或搭载圣三一学院为传教士提供的专用小船访遍了整个福宁区。在妻子和长子去世后，他带着活下来的幼子回到贝尔法斯特。出乎所有人意料的是，在 1911 年孙中山领导的辛亥革命即将摧毁旧制度之际，欣德又回到了中国。重返福建后，欣德成为福州教会传教士协会学校校长，同时在福州圣三一学校任职，后者是 1907 年由都柏林大学圣三一学院传教士建立的。

1918 年，欣德被任命为福建（福州）教区主教，该教区于 1906 年从香港教区独立出来。他以主教的身份住在福州南边的南台岛，该岛是许多外国领馆、学校和教堂的所在地。该教区比爱尔兰稍大一些，面积 38 500 平方英里，拥有 18 000 名基督教信众和 280 个英国国教礼拜会（岛上居民总数为 400 多万）。他曾提及自己"迫切希望看到真正意义上的中国教会，管理层以本地教会为中心，而不是以外来传教士为中心"①。事实上，一场声势浩大的基督教运动以迅雷不及掩耳之势在福宁沿海的渔民和船夫之间扩散开来，当他前来施洗时，接受洗礼的人数太多，以致仪式不得不在户外进行。

1919 年在他主持的第一次教区大会上，欣德取消了会议记录使用英语的做法，要求所有讲话都使用中文。他深信中国传教工作必须以建立中国教会为目标，并颠覆了以往普遍接受的传教士居主导地位的传统，让传教士做中国神职人员的助手。传教士不再任教会理事会主席，其工作岗位由教会大会决定。秉持这一计划，他在 1922 年上海召开的全国基督教大会各教派实现大联合的过程中发挥了重要作用，会议促成了现今中国基督教协会的前身——中华全国基督教协进会的建立。欣德认识到中国基督徒对"外国传教士和传教会控制中国基督教活动"的抵触情绪，希

---

① Hodgins,pp.143–144;Comerford,pp.13–15.

望"完全本土化的基督教机构能够逐步取代当前的机构"。[1]1927年副主教丁尹公（Ding Ingong，音译）在上海大教堂接受任命成为欣德的助手——他也是教区里第一位中国籍副主教——从此欣德的计划逐步得以实现。1930年欣德前往英国期间（接受一个大手术并参加1930年兰柏会议），丁主教管理教区事务达两年之久。欣德后来说自己的长期缺席"促进了我担任主教期间一个主要目标变为现实，那就是形成一个真正本土化的教会"[2]。

20世纪30年代福州遭日军轰炸，学校、医院和道路都受到破坏，饥荒盛行。欣德认识到将教会工作交给中国接班人的时候到了，1940年他和丁神父双双退休。欣德始终对中国教会怀有浓厚兴趣，1951年在贝尔法斯特出版了他的《福建回忆》。[3]1958年欣德主教在贝尔法斯特去世。

约翰·柯蒂斯（1880—1962年）是最后一名在华爱尔兰籍英国国教主教。他的理想也是建立一个真正独立的中国教会，在很大程度上与当代中国基督教思想不谋而合。柯蒂斯生于都柏林，曾是爱尔兰足球队队员。他起初在福建工作（1906—1928年），浙江主教莫洛尼1929年退休后，柯蒂斯接任主教。该教区面积36 680平方英里，1929年人口达2 300万，其中11 574人信奉英国国教。这一教区也包括上海礼拜会中三千说英语的国教教徒以及上海的圣三一教堂。柯蒂斯以主教身份居住在杭州，在那里他将传教活动融入教区日常工作之中，并于1930年将中国教会传教士协会并入教区传教委员会。柯蒂斯没有因内战和饥荒离开他的教区。"他在教区里长途跋涉，旁人很难跟上他的脚步，"后来的上海主任牧师回忆起柯蒂斯主教时说道，"有一次在教堂做新年讲道时，他的爱尔兰精神不自觉地表露出来，督促我

① Hodgins,pp.143–144;Comerford,pp.14–15.

② Comerford,pp.14–15.

③ John Hind,*Fukien Memories* (Belfast,1951).

们'向四面挺进'。"①

1937年圣诞当天，日本侵略军攻进杭州。随着城里生活条件日益恶化，柯蒂斯在大衣口袋里揣着带给儿童的牛奶，频繁走访医院、医疗站和难民。在送牛奶的过程中，他将大量饱受惊吓的妇女儿童领到安全的避难所。柯蒂斯多次遍访他的教区，教会成员持续增加。到1940年，教区里受过洗礼的英国国教信徒人数达到12 000，与1920年相比翻了一番。1942年在上海和香港柯蒂斯两次遭到扣留。日军威胁，如继续批评日军对待战俘的方式就杀死他。在这种情形下，他仍然坚持鼓舞狱友的士气。

第二次世界大战结束后，柯蒂斯却愁眉不展："与我17年前来（杭州）时相比，我们离自立更加遥远了。"但在职业生涯即将结束时，他仍对未来充满希望："我们正从传教关系过渡到教会关系。"柯蒂斯最终于1950年在古稀之年离开中国。一位传教士协会的传教士回忆道，作为主教，柯蒂斯表现出"独特的爱尔兰天赋"，这种天赋对传统意义上的主教没有太大意义，但在英国国教之外的基督教普世运动的圈子里却是弥足珍贵的。②

1870年爱尔兰国教会遭撤废对在华爱尔兰籍国教信徒产生了深远的影响——促使他们积极支持成立独立自主的中国教会负责管理传教士和传教机构的工作。自养、自治和自传的教会三原则最早是由亨利·樊和罗兰·爱伦等传教士提出的，由罗素、欣德、莫洛尼和柯蒂斯践行，现已成为20世纪50年代兴起的基督教三自爱国运动和1980年成立的中国基督教协会的神学思想基础。③

---

① *The Church Times*,20 July 1962.

② *The Church Times*,20 July 1962.

③ 参见 Max Warren (ed.),*To Apply the Gospel:Selections from the writings of Henry Venn* (Grand Rapids,MI:William B.Eerdmans Publishers,1971),p.26；Roland Allen,*Missionary Methods:Saint Paul's or ours?* (London:World Dominion Press,2nd edn,1927),*passim*.

在爱尔兰其他新教派别中，来到中国的长老会传教士包括：威廉·普罗克特牧师，后来成为都柏林苏格兰教会牧师；罗伯特·诺克斯牧师，原为爱尔兰橄榄球队队员，回国后先后在韦克斯福德郡的恩尼斯科西镇和格雷斯顿任长老会牧师；托马斯·布莱克利牧师，与约翰·柯蒂斯同时离开中国，成为科克圣三一长老会牧师。[①] 杰克·维尔医生 1909 年出生在中国，父母都是传教士，他本人在中国从事传教工作，后来成为爱尔兰长老会的法庭主席和秘书长。值得注意的是，中国的爱尔兰籍循道宗传教士在医疗事业方面功不可没。来自科克的罗伯特·布思牧师是一名医生，于 1898 年至 1912 年间在汉口工作，并帮助建立中国红十字会。在他之后来到中国的是韦克斯福德的理查德·海顿医生、乔治·海顿医生及乔治的妻子海伦·海顿医生。1941 年约翰和迪尔德丽·菲遭日军扣留，但他们的爱尔兰国籍使之免于沦为战俘。[②] 1946 年至 1950 年期间，德斯蒙德·吉利兰及妻子基特·坎德尔一直从事爱尔兰循道宗的传教工作。

新中国成立初期，宗教活动受到严格管制。所有在中国的外国传教士，不管属于新教还是天主教，都被要求离开中国。改革开放后，宗教自由得到恢复，许多教堂重新开放。[③] 柯蒂斯的杭州教区重现生机，该区的崇一堂是中国最大的教堂。上海的圣三一大教堂，前身是爱尔兰主教辖下的英国国教教堂，现在重归教会手中。一些高隆庞神父、修女和爱尔兰籍基督徒个人可以英语教师身份重返中国。

① *A History of the Congregations in the Presbyterian Church in Ireland* (Belfast:Presbyterian Historical Society of Ireland,1982),pp.342,447–448,804.

② D.L.Cooney,*The Methodists in Ireland:A short history* (Dublin:The Columba Press,2001),pp.244–245;R.L.Cole,History of Methodism in Ireland (Belfast:Irish Methodist Publishing,1960),p.160; Wright,1999.

③ Lu Xiaowen, Richard O' Leary and Yaojun Li, "Who Are the Believers in Religion in China?" in Abby Day (ed.), *Religious and the Individual* (Aldershot, UK: Ashgate, 2008), pp. 47–64.

第七章 英雄主义与热情

从这一简要历史回顾可看出，爱尔兰籍基督教传教士在中国的活动在教派构成和贡献方面呈现出多样性的特点。然而，尽管存在教派纷争，他们的活动对中国和爱尔兰都产生了深远影响。就天主教而言，传教活动促进了爱尔兰人对中国教会的兴趣，在远东发展了全新的、本土化的爱尔兰天主教海外传教事业，二者对爱尔兰本土和爱尔兰海外移民都产生意义非凡的影响。就爱尔兰的英国国教而言，其最突出的贡献则在于在中国建立了一个真正本土的、独立的基督教会。

在过去的 20 世纪，各种爱尔兰传教组织在中国各自为战，从事传教活动，如今他们（尤其是都柏林大学远东传教会和圣高隆庞）的事业正进入一个新时期。在开放的 21 世纪，数以千计的中国大陆学生和劳动力涌入爱尔兰，各种爱尔兰传教组织将在自己的社区里对此做出回应。①

---

① 都柏林大学远东传教会（DUFEM）与中国教育文化联络委员会（China Educational and Cultural Liaison Committee)联合委托进行的调研报告，参见 Richard O'Leary and Lan Li, *Mainland Chinese Students and Immigrants in Ireland and their Engagement with Christianity,Churches and Irish Society* (Dublin:DUFEM,2008).

第 八 章
东西音乐之神会

——酋长乐队在中国

陈慧珊

1983 年，一个爱尔兰传统音乐小组 ——"酋长"乐队到中国去演出。

他们是"文化大革命"后最早到那里演出的西方乐队之一。在北京和其他城市，他们除自己巡回演出外，还与中国的民族音乐家同台献艺。这些非正式的合作非常成功，为此，"酋长"的领队帕迪·马龙尼 (Paddy Maloney) 当时曾这样说道："现在人们耳熟能详的中国传统音乐肯定与爱尔兰早期的音乐传统有过交流、融合，有的东西传到了东方，另一些则传到了西方。"[1] 马龙尼此番言论眼光敏锐，甚至他自己当时都未意识到，因为两国传统音乐实践之间确实存在诸多神奇的共同点。"酋长"乐队似乎是要为这一假设提供证据，自访问中国后，他们在爱尔兰本国和世界各地的演出中，经常演唱人们喜闻乐见的中国民间乐曲，如"喜洋洋"等，而且使用了相当数量的中国和爱尔兰乐器。

---

[1] *The Chieftains in China*,Dublin:Claddagh Records Ltd,1984.CC42CD，唱盘封套上的文字说明。

　　然而，人们很少认识到来自这两种文化的音乐会有许多共同之处，尽管他们分属两种不同的文化。那么，爱尔兰的音乐家们如何没有太多困难就能演奏中国音乐呢？这两种音乐有着什么样的共同特点，促成了两国音乐家的合作呢？这两种音乐体系的演出实践和表现形式有多少不同，或者说有多少相同之处呢？

　　答案部分在于中国音乐的西化与现代化历程。然而，这一切是如何发生的呢？我们首先要问的是：什么是中国音乐，它传统上是如何演奏的？

　　中国是一个有着古老和悠久文明的国度。对两千多年前墓穴的考古挖掘出土了琴和吹奏乐器，从它们发展而来的乐器今天仍在中国广泛使用。随着时代的发展，中国音乐并未停滞不前，而是经历了不断的演变。在过去多个世纪中，东西方的主要交流途径——丝绸之路丰富了中国文化，尤其丰富了中国音乐。人们把今天的民族乐器视为中国的传统乐器，如琵琶、扬琴、胡琴、唢呐和铜锣，事实上，它们都是借道丝绸之路通过中亚从中东传到中国的。这些乐器被接纳吸收，逐渐汉化，成为中国音乐的内在组成部分。而且在当今全球化时代，与西方的进一步交往为中国音乐注入了生命力，"酋长"与中国民间音乐家的互动就是一个很好的例证。

　　那么，什么是"中国音乐"呢？"中国音乐"的称谓值得推敲，因为中国意指单一的民族实体。事实上，中国是一个多民族国家，因而，有很多不同类型的音乐和不同的音乐传统。仅汉民族的音乐就有适应不同需求和场合的各种流派和风格。本文将只就汉民族的音乐，尤其是汉族的演奏音乐，加以讨论。[1]

　　很多西方人对中国音乐的音阶的看法存在一成不变的偏见，

---

[1]　关于中国音乐的简要介绍，参见 Alan Thrasher et al.,"China" in S.Sadie and J.Tyrrell (eds), *New Grove Dictionary of Music and Musicians*, 2nd edn.(London: Macmillan,2001);J.Lawrence Witzleben et al."East Asia:China," in R.Provine et al.(eds), *Garland Encyclopedia of World Music*, vol.7(New York/London:Routledge, 2002).

他们认为中国人只用五声音阶，或用外行人的话说，其音阶就像钢琴上的五个黑键。在唱名法里，这五声是 *sol*、*la*、*do*、*re*、*mi*，人们也认为五声音阶是东亚（中国、日本、朝鲜、韩国）和东南亚（爪哇、巴厘、泰国等地）音乐的一个共同特征，这在欧洲是很少见的。然而，五声音阶对爱尔兰音乐却不陌生。在解密较早的爱尔兰竖琴调音法时，爱尔兰音乐学者发现早期的爱尔兰音乐也乐于采用五声音阶。[1]

如同中国音乐一样，在爱尔兰竖琴音乐里也可加上第六声和第七声。这样，人们听到 *fa* 和 *si*——音阶中的第四音和第七音，就是很常见的事了。但它们往往附属于其他五声。这两个音阶在一个旋律里只起到过渡音和伴音的作用。在中国音乐里，它们还有更重要的作用：用于表现特别的调式，或用来转变调式，或在不同的调式中渲染色调。人们注意到爱尔兰的早期旋律，在使用第7音时更趋向于低平。[2]比起西方的七声音阶，中国多数流派里的第4音略高，第7音略低。这是不同文化和审美习惯造成的。

七弦琴是中国最古老的本土乐器，今天仍用于演奏。它是一个近似长方形的盒子，7根弦从头绷到尾，无品。演奏者用右手在琴的右端弹拨琴弦，左手手指按弦或滑动以止音。我们今天所知道的琴的形状可以追溯到公元3世纪后期。这件乐器由于有丰富文献的存在，并有着广泛的世界影响，同时与清高遁世的儒家文人有着种种渊源，因而，在精神和思想意义上备受推崇。七弦琴有着自己的记谱方法，现存最早的记谱法产生于15世纪前后。琴的音乐主要使用五声音阶，中国的经典音乐观念，如"正声"，接受五声音阶。根据作品的需要，琴弦可以调到不同的五

[1] Annie W.Patterson,"The Characteristic Traits of Irish Music",*Proceedings of the Musical Association,23rd session* (1897),pp.99–111.

[2]   Patterson,p.100.

第八章　东西音乐之神会

声调式。如同中国的许多其他乐器一样，在受到西方影响之前，琴的调音与西方的平均律音阶不同（我在下面讨论阿里嗣（van Aalst）的文章时再回到这个问题）。同样，帕特森写道：就爱尔兰古老的音乐而言，"只靠带琴键的乐器有些声调是无法弹奏的；通过调音，我们应当承认，平均分配的人工音阶系统已替代了自然的纯律音阶"[①]。

虽然琴大多使用五声音阶，但许多其他种类的中国乐器却经常使用七声音阶，譬如四弦琵琶。最初，琵琶是从波斯经丝绸之路在 5 世纪传到中国的。它历经适应和发展的过程，已成为地道的中国乐器。第 4 音和第 7 音为音调增加了色彩，丰富了调式。

行文至此，我希望我消除了大家中国音乐只有五声的误解；事实上，七声的使用是普遍存在的。如前文所述，一些爱尔兰的音乐流派也曾热衷于五声音阶，然而今天七声作品占了统治地位。在两种文化发展的某个阶段里，中爱音乐家都对不同于西方平均律音阶的音律有过偏好。表面上看，可将这些视为双方的相同点，但在深层次上，每种文化构造自己旋律调式的方法都为不同的观念和偏好所左右。

既然两种音乐之间存在着深层次的结构区别，那么，两种文化之间的音乐交流又为何会如此顺畅呢？这就是我要谈的另一个问题：表演方法和传承方式。

传统上，大部分中国民间音乐的曲目都是建立在"曲牌"系统上的，所谓曲牌就是旋律的名称或标题。就其最基本的形式而言，有短曲和长曲之分；短小的曲子是由固定的节拍组成；流行的长曲通常有 24 到 68 个节拍。中国音乐的大多数流派的曲目都是依此发展起来的。

---

① Patterson,p.96.

多数"曲牌"都取名于原创词牌。每个有名牌的曲子都有人们熟悉的旋律结构（亦即旋律框架）。以最基本的方式演奏这些曲目时，通常是快速的。尽管如此，这些曲目也常以不同的变奏技巧予以扩充。用装饰音对旋律框架或核心旋律进行装饰就是其中的技巧之一。放慢速度也是中国音乐变奏的常用方法，以便拉长节拍，在原音符之间密集地使用装饰音。

一个"曲牌"如果在时间上进行扩充，其装饰可以如此密集，以至于对未受过专业训练的听众来讲，原创作品几乎就听不出来了。如此，人们可以说一个新的作品就创作出来了。事实上，这就是中国传统民间音乐的创作方法之一。保留曲目里既有固定曲调的老曲子，也有使用变奏技巧创作的新曲子。在其他情况下，"曲牌"会被保留在类似组曲的作品里，一支曲子从慢速、拖长、装饰浓厚到装饰清淡、中速，最后到快速、无装饰的骨干调子时，这个曲牌就可以辨听出来了。在演奏的套曲里，不同的"曲牌"可以放在一起。因此可以说，"曲牌"是中国全部音乐的基本建筑材料。然而，这不是说由此产生的音乐都大同小异：地方特色和区域文化的音乐方言使音乐遗产具有丰富的多样性。

19 世纪末，阿里嗣，亦即秉承清廷总税务司赫德之意撰写《中国音乐》一书的作者，就中国音乐的合奏写过这样的话：

> 乐团通常由两个气球形状的吉他（两位女士边谈边唱）、一把三弦吉他、一把或两把小提琴、一张敲打节奏的小鼓、一支笛子和一张扬琴组成。所有这些乐器都，或者试图，按一个步调演奏；然而对一个外国人来说，他们对每个演奏者都有自己的角色的做法是不熟悉的，每个人都发出最大的音量，压过他人，显示自己。外国听众对此的印象只能是每个演奏者都在邀宠。尽管这样，如果你耐着心听下去，就会发

现演奏的节拍很准，效果很好。①

　　阿里嗣所说的每位演奏者各工其事是很正确的。中国合奏音乐对美的敏感正在于演出中个性的不同。这种演出行为用一句术语来讲就是"同曲异声"：亦即对同一个曲目，每一不同的乐器同时奏出有变化的曲调，让人听来大体一致。

　　这种微观层面上的变化在中国音乐中非常普遍，事实上，民族音乐学学者已发现，世界上包括爱尔兰音乐的多种传统音乐中这一做法非常普遍。装饰音、旋律的变化、节奏形式的变化、乐句之间的衔接以及抑扬顿挫的表现等都是爱尔兰音乐演奏的手法。与中国音乐类似的是，爱尔兰演奏家们也在主调的基础上使旋律和节奏富于变化。②

　　在上海地区丝竹演奏的传统中，业余音乐俱乐部在茶馆里非常盛行。丝竹之名即取自乐器本身，竹子做成的乐器和蚕丝做成的琴弦，譬如三弦及琵琶、横竹笛、箫、笙、二胡、板鼓等都是如此。俱乐部成员每周聚会演出一次。人们自然会与爱尔兰酒吧的做法相比较。如同酒吧里的乐队那样，丝竹的演奏者都凭记忆演奏，每个演奏者根据当地每种乐器的操作方法尽其所能，表现同一个主调。这个做法在美学上的目的就是在相对"微观"的层面上由演奏者同时演绎作品。③

　　我认为"酋长"乐队与中国民乐演奏家之所以能如此自如地娴熟合作演出，就是因为他们熟悉这种演出方法。**YouTube** 视频

① J.A.van Aalst,*Chinese Music*,(Shanghai:Statistical Department of the Inspectorate General of Customs,2nd photolithographical reissue,1939),p.36, 该书是遵海关总税务司之命出版的。

② Lawrence E.McCullough,"Style in Traditional Irish Music",*Ethnomusicology* 21:1 (1977),pp.85–97.

③ J.Lawrence Witzleben,"Silk and Bamboo" *Music in Shanghai:the Jiangnan Sizhu instrumental ensemble tradition* (Kent,OH:The Kent State University Press,1995),p.89.

网站关于"酋长"乐队1991年在贝尔法斯特音乐会上演奏中国曲目"喜洋洋"的录像①显示，他们掌握了中国音乐演奏方法的精气神，爱尔兰的乐器与中国的打击乐器、扬琴一并使用，用他们自己的风格尽情演绎了这首曲目，传达出乐曲纯正的中国风味。这一事例一定程度上证实了两种音乐间有着某些类似的特征，而正是这些特征成就了两种文化的音乐家们的成功合作。

这种音乐表现方法是建立在口口相传的基础之上的。中国和爱尔兰两国的音乐表现方法传统上都是口口相传，在家族中一代代传承下来。由于现代化、殖民化和西方化进程的影响，两国的音乐及其演出方法都不可避免地为数不胜数的变革力量所左右。当然，中国与西方的接触为其音乐系统带来了变化，事实上，使中国音乐与西方更加接近。

中国与爱尔兰的接触是从为大英帝国服务的爱尔兰人开始的。其中最有影响的是赫德爵士，他曾任中国海关总税务司，是将西方音乐引进中国、将中国音乐介绍到西方的关键人物。

正如本书前文所说，赫德在1854年受英国外交部指派来华从事领事工作，并进入刚刚组建的大清帝国海关。1863年起任总税务司，直至1908年73岁时返回爱尔兰，在这个职务上奉献了毕生精力。

尽管赫德没有正式从师学习过音乐，他自学了小提琴和大提琴，而且弹奏得非常好。赫德喜爱音乐，在与其在伦敦的代理金登干的通信中不时有索要乐谱、小提琴琴弦、乐器及其他音乐用品的内容。赫德夫人1881年与孩子离开中国到伦敦定居后，赫德将更多的业余时间花费在音乐上，在下属中也挑选出有音乐才能的人。在1885年给金登干的信中，赫德写道："现在我的四周

---

① YouTube视频网站录像，*The Chieftains-Full of Joy* (*Chinese Céilí*)，1991，http://www.youtube.com/watch?v=38s4mVY2b_Y&feature。

充满了音乐氛围，舍泽尔和利奥特弹钢琴；李奥拉小提琴；阿里
嗣弹琴吹笛，吹双簧管；我自己拉小提琴和大提琴。我们每周六
都有一个音乐晚餐。"[1] 除了玩乐器之外，赫德还是个热心的作曲
家：他写了 10 首歌唱曲目，10 首小提琴曲子，他还让金登干寻
找有能力的作曲家为自己的曲子谱写钢琴配乐。[2]

赫德在华传播西方音乐方面最重要的贡献之一是在中国建立
了第一支西式铜管乐队。1890 年 4 月赫德就萌生了建立铜管乐
队的念头。他用自己的资金从英国购买了乐器和乐谱，他写信给
金登干，叫他留意"擅长铜管乐器的人，一个既可以做邮政局
长又可以做乐队指挥的人"。[3] 不久，天津海关关长写信给赫德，
说一位叫 E.E. 恩卡纳乔（Encarnacao）的葡萄牙人是一位出色的
乐队指挥。随即恩卡纳乔被任命为乐队队长，并从北京为乐队招
纳了至少十多位年轻的中国人。在这些被招纳的人员中有：

> ……一位有前途的理发师，或许受朋友演奏笛子的吸
> 引，放弃了自己的职业，拉起了大提琴；一位鞋匠放弃了最
> 后的致富机会，吹起了小号。一个裁缝邻居扔掉了他手中的
> 针线，车夫甩掉了他的车子，都把每天做的事情放在一边，
> 陶醉于音乐之中。[4]

---

[1] John K.Fairbank,Katharine F.Bruner and Elizabeth Matheson (eds),*The I.G.in Peking:Letters of Robert Hart,Chinese Maritime Customs,1868–1907* (Cambridge,MA:Harvard University Press,1975) vol.1,letter no.395.

[2] 这次出版努力可能未告成功，参见赫德给金登干的信（第 72、74、89、192号）。然而，在贝尔法斯特女王大学赫德档案中尚未出版的材料里，有一些零散的音乐手稿，其中有一些未命名的短曲。我们不清楚这些是否就是赫德所创作的小提琴曲。

[3]   Fairbank et al.(1975),p.746.

[4] Juliet Bredon,*Sir Robert Hart:The romance of a great career* (London:Hutchinson & Co.,1909),p.186.

在恩卡纳乔的领导下，年轻人的学习进展很快；不到一年时间，其中几位已可教别人了 [图 14]。乐队的数量在北京、天津、上海等地迅速增加。到 20 世纪 30 年代，铜管乐队开始出现在中国的电影里和葬礼上。[①] 在北京，赫德的乐队达到了很高的水准，每周在总税务司花园里举办一次露天音乐会，吸引了众多的当地居民和外国人。这支乐队也成了这座花园里赫德举办的无数次晚餐的一道不变的风景。甚至连慈禧太后都在 1903 年专门下旨要他们到颐和园演出。赫德对金登干这样写道："听说要去颐和园，给皇帝和宫廷演出，'孩子们'分外高兴；恩卡纳乔跟他们一起去，我希望他因此能得到'双龙'袍的赏赐。"[②] 这支由中国人组成演奏西方曲子的乐队成了北京城里引人关注的明星，另一位明星就是总税务司赫德本人。

除培养西式铜管乐队外，赫德自 1890 年开始通过"亲自教授，以自娱为目的，组建了一支弦乐四重奏小组"。[③] 他从 15 人的铜管乐队里选了五六个佼佼者学习大提琴、小提琴和中提琴。我们从赫德档案中无数的音乐会节目单里可以看出，他的弦乐队非常成功，派上了很好的用场，在赫德主办的宴会、舞会，甚至北京大学的学位授予典礼等场合演奏。赫德是北京大学校董会成员 [图 13]。

赫德对中国音乐的研究也同样充满好奇，并予以支持。西方关于中国音乐最早的论著中，中国音乐研究人员所熟知的是比利时人阿里嗣（前面提到他是赫德乐队的成员之一）所写的一本书。阿里嗣是在大清帝国海关工作的众多外国人之一，也是赫德

[①] 铜管乐队于 1937年第一次出现在电影《马路天使》中；1931年，在出生于巴格达的上海大亨欧斯·爱·哈同的葬礼上也使用了铜管乐队。参见 Francesca Tarocco,*The Cultural Practices of Modern Chinese Buddhism:Attuning the dharma* (London and New York:Routledge,2007),p.109.

[②] Fairbank et al.(1975),p.1281.

[③] Fairbank et al., p.774.

周六音乐晚宴的常客。事实上，他1884年由总税务司统计部刊印的关于中国音乐的著作是"奉总税务司之命"撰写的。该书的出版适逢健康展览会同年在伦敦举行，赫德派阿里嗣参会并做了关于中国音乐的讲演。在写给金登干关于布展的信里，赫德写道：

> 我们可能会发给你一篇关于中国教育的出色的论文，或者说是一篇讲演稿（由希皮斯雷提供），另有一篇关于中国音乐的由阿里嗣提供。前者由你来宣读，可能阿里嗣会作为秘书过去，宣读后一篇讲稿。如果我能吸引中国的一支弦乐队过去（让他们在餐馆里演奏，用中国人日常生活中的乐趣来骚扰一下伦敦人的耳朵）就别具一格了。[①]

为了这次活动，赫德派出了6位戏曲演员，他们"能演、能唱，还能演奏乐器"，这或许是中国与英国的第一次音乐交流。[②]罗伯特·坎贝尔在一份关于父亲金登干的回忆录里这样写道：

> 这个乐队刚到英国时，只能演奏中国乐曲，尽管一些专家（可能是指阿里嗣）认为这些音乐与古希腊音乐同样精彩，但对英国人来说还是难听刺耳。但在格莱沙姆音乐教授、伦敦音乐学院院长威尔德博士的指导下，这支乐队很快掌握了英国大多数流行的曲目，还有一些国家的国歌；他们每天在修建在人工湖上的中国馆里的演出，都受到了心怀敬意的听众们的热烈欢迎。[③]

---

① Fairbank et al., p.458.

② Fairbank et al., p.464.

③ Robert Ronald Campbell, *James Duncan Campbell, a Memoir by his Son* (Cambridge, MA: East Asian Research Center, Harvard University, 1970), p.55.

这样，赫德，一位在中国生活了大半辈子的爱尔兰人，在将中国音乐介绍到西方、将西方音乐和乐曲介绍给中国人的工作中发挥了关键作用。

在此之前，耶稣会是中西交流的主要渠道。17世纪末，耶稣会传教士（几乎在一个世纪之前，他们就开始了在中国的工作）呈送给清朝康熙皇帝一架古钢琴；皇帝高兴之下命四位音乐太监学习弹琴。一位叫庞迪我（Pantoja）的年轻牧师受命施教，他每天都到皇宫里给太监们上课。耶稣会甚至谱写了"八首短小的中文歌曲"，歌词以道德和宗教为内容，然而，这些歌未能留存下来。康熙在17世纪90年代写道："[耶稣会传教士]徐日升（Pereira）教我在大键琴上弹'P'u yen-chou'以及八音音节，贝德里格（Pedrini）给我的儿子们教音乐理论，切拉蒂尼（gheradini）在皇宫里画像。"① 康熙提到的曲子是著名的琴曲《普庵咒》。这就证明了这样一个事实：传教士们不只教皇帝和皇子们西方音乐知识，他们也学习并了解了中国音乐。其他从事音乐知识交流的耶稣传教士还有钱德明（Amiot）②、拉波德（Laborde）和杜赫德（du Halde）③。中国音乐及其曲目的抄本通过他们传到了西方，对19世纪及以后西方音乐中出现的东方主义和异国情调发挥了影响。普契尼、韦伯、欣德米特等音乐家在他们的作品里吸收了中国元素。普契尼的《图兰朵》就是最著名的例子之一：作曲家使用中国民歌《茉莉花》作为全剧的主题音乐。

---

① Jonathan Spence,*Emperor of China:Self-portrait of K'ang-hsi* (London:Jonathan Cape Ltd.,1974),p.73.

② J.J.Amiot et al.,*De la musique des chinois tant anciens que modernes* (Paris:chez Nyon,1780).可借助下述文献听到钱德明自己的部分音乐作品：Joseph-Marie Amiot, *Messe des jesuites de pekin*,Auvidis France,1998,E 8642.

③ Jean-Baptiste Du Halde,*Description géographique,historique,chronologique, politique et physique de l'Empire de la Chine*,English trans.by Richard Brookes,2 vols (London:printed by T.Gardner for Edward Cave,1738–1741).

　　尽管耶稣会对中西音乐交流做出了重要贡献，但直到 20 世纪，中华民国时期中国才做好应对音乐的西化和现代化挑战的准备并做出了回应。因此，我们可以说，赫德的音乐活动为中国音乐的西化铺平了道路。1919 年的五四反帝爱国运动，尽管其目标与音乐的西方化相左，但却孕育了新文化运动，中国的民族主义随之诞生。当时，传统的文化和音乐被视为中国现代化的绊脚石，因而，在中国人自己看来需要进行改良。第一所国立音乐学院（即现今的上海音乐学院）仿照莱比锡音乐学院的模式于 1927 年由中国作曲家蔡元培在上海建立。西方和西式音乐也列入了学校的教学大纲。在这一时期，中国乐器得到了"改良"。中国人确信改良乐器就可以改良中国的音乐，并使之现代化。由此开始了广泛的乐器标准化工作，其方向往往与西方的美学价值观更为接近。

　　而且，随着一些中国的作曲家和音乐家在 20 世纪 20 年代和 30 年代从欧洲（以及受欧洲影响的日本）学成归国，采纳西方发声、和声、音色、演出乐谱使用方式，并开始渗透到中国的音乐体系，由此导致了仿照西方交响乐团的大型中国现代乐团的建立。在传统上，中国的合奏乐队一般为中小规模，低音乐器很少见。受西方的影响，仿照大提琴和倍低音的新式乐器开始出现。有时，西方的低音吹奏器和弦乐器直接用到中国音乐的合奏里，以便使声音更为洪亮。在现代中国乐团的乐器标准化过程中，中国人还引入了西方的等程音阶。阿里嗣在研究了中国音阶的划分方法后，这样总结道：

　　　　从上表（他在表中列出了中国 12 个半音和西方等程 12
　　音的不同）可看出，只有底部和第 5 音是一致的，其他音在
　　中国的音阶里过高，结果，用西方调过音的乐器是无法表现
　　的。另外，八度音太高了，西方人听起来不好受。西方人对

中国音乐的印象不好主要原因就在于此。[1]

这一点也为罗伯特·坎贝尔所证实，前面谈到他认为中国音乐"对英国人来说还是难听刺耳"。[2] 调音制是中国现代音乐学者倍加关注的问题，一位学者在 20 世纪 50 年代曾写道：

> 使用中国音程可以更好地表现民族特色。但从进步的角度看，传统音程不适合现代民族思想。现代作曲需要在音调上富有变化，传统的调音不能解决这个问题。12 平均律音阶则具有其他好的品质。因此，采纳 12 平均律音阶是我们必须要走的道路。[3]

概言之，我们可看到，从 20 世纪后半期，中国的音乐系统经历了广泛的变革，与西方音乐更趋一致。我认为这也是为何"酋长"乐队这样的爱尔兰音乐家可以毫无问题地演奏中国民间曲目的原因。如果"酋长"乐队在赫德和阿里嗣的时代来到中国，要成功完成合作演出，他们就会遇到很大的困难。"酋长"乐队即兴演奏中国音乐的成功，不仅仅因为他们是音乐天才，更重要的是两种音乐体系有许多共性使然。斯托克讲述的一次不成功演出的情况可作为这一论断的佐证。那是一次技术娴熟的爱尔兰和土耳其音乐家的合作演出，但未获成功，他认为其原因在于两种音乐体系大相径庭。[4]

---

① van Aalst, p.12.

② Campbell, p.55.

③ Wang Zhaoyu 1958, p.23, 转引自 Han Kuo-huang and Judith Gray, "the Modern Chinese Orchestra", *Asian Music* 11(1):p.18.

④ 参见 Martin Stokes, "Place, Exchange and Meaning: Black Sea musicians in the West of Ireland", in M.Stokes (ed.), *Ethnicity, Identity and Music: The musical construction of place* (Oxford:Berg,1994), pp.97–115.

　　因此，我们可以得出结论：中爱音乐之间的共性要比我们想象的更多。今天到中国去的游客所听到的流行音乐与西方各地——大街上、购物中心中、电视上、电台里的流行音乐并无二致。我们或许会说这是当今全球化和西方影响的结果；然而，事实上，中国与西方在音乐上的交往可追溯到 17 世纪，而且到 20世纪中期，中国吸收了西方音乐的大部分基本元素。虽然爱尔兰是一个小国，但通过赫德这样的杰出人物以及无数默默无闻的传教士，在向中国发挥影响方面的作用是甚为可观的。今天这种音乐交流仍在继续，两国的音乐团体仍在互动。2007 年 10 月当第一届中国音乐国际研讨会在爱尔兰都柏林大学召开之际，① 中国的音乐学者和音乐家与当地的爱尔兰音乐家进行了非正式的交流。可以断言，中爱之间的音乐交流不会就此止步，随着移居到爱尔兰的中国人数量不断上升，人们当然希望这样的音乐交流能继续开花结果。

---

①　这是《磬》欧洲中国音乐研究基金会第 12 次国际研讨会，笔者是这次会议的召集人。

第 九 章
揭开中国的神秘面纱

财富控股中国董事长　理查德·巴瑞特

本章题为"揭开中国的神秘面纱"，因为在西方看来，中国的形象代表截然不同的文化、语言、饮食和习惯，从而显得难以深入了解。在我们看来，东方人深不可测，部分是因为他们对自己的认识与我们对他们的认识不尽相同。普通话里的"中国"直译成英文的意思是"中土之国"，意即地球中心的国度。中国人绘制的地图显示中国处于地球的中心，这与我们从欧洲和美洲的地图上看到的情况完全相反（在这样的地图上处在地球中心的是我们自己）。这样的地图表明一种态度。然而，认为自己是世界中心（而非外围国家）的想法也不只限于中国，在美国、英国、法国乃至世界上所有国家都很盛行。

要超越饮食、语言、文化和传统上的巨大差异，成功地深入了解如此看待自身的中国社会，需要特定的、目标明确的商业思维。西方思维的特点是先确定目标，再制定博弈和讨价还价的战略与实现目标的途径，然后，确定如何入手，最后按部就班地实现目标。这种思维方式在中国不大可能见效，因为在中国一切行动都是为了达到一个结果：关系的形成。因此，从更广阔的角度来看，中国思维方式更为简单——确定目标，为实现该目标构建关系。

在中国，没有关系就一事无成。西方的支票外交和收购在这里没有市场。且不管这种生意形式有多复杂，更复杂的是这种关系培养的方式。

在本书前面的章节中，我们知晓了 1793 年爱尔兰人马戛尔尼伯爵来中国推销英国商品的经历。由于两国未能抛开国家利益的分歧、找到共同的立场，他的尝试以失败告终——两国对自身利益的关注表现为强烈的保护主义。在爱尔兰这种保护主义也导致了《联合法案》的施行。中国有个成语叫"同床异梦"，常用来描述中外合资努力的失败。如果试图建立贸易关系的双方没有就这一关系的目标达成共识，或双方都只求实现各自的目标，那么在中国你就只能重蹈马戛尔尼伯爵的覆辙——在浪费大量时间和金钱以后夹着尾巴灰溜溜地回去。

其实，人们应该思考：在这个古老的国度里，我们能够学到什么来改进我们的商业行为？

首先要认识到，认为当代中国复兴是最近才发生的经济事件的观点是完全错误的。中国不过是在重拾其在世界强国行列中的领先地位。早在公元 1300 年时，印度与中国两国的贸易额占世界的 50%。整个欧洲在中国面前也相形见绌。中国当时年钢产量达 12.5 万吨，欧洲四个世纪以后才达到这个水平。在中国辽阔的大地上，借助以运河为主的运输体系可以四通八达；贸易通过一种高度发达的纸币和信用体系进行。因此，与其说中国在崛起，不如说她在重拾旧日的辉煌。

那么到底是什么力量使中国如此高调地重新回到全球经济的聚光灯下？是什么使中国对企业家有着如此巨大的吸引力？思考这些问题是很有意义的，可以帮助您了解在中国做生意的背景环境。

中国是个极具吸引力的投资目的地，主导着当今的世界贸易。她的国际收支经常项目有着巨大的顺差，拥有（迄今为止）世界上数额最大的外汇储备，她使世界商品市场的价格达到极限，世界原油边际需求增长中的整整 50% 来自中国。这意味着，中国左右着原油价格。同样，中国还左右着铜、钢、铁矿石、锡、铅、锌和铝等一大批商品的价格。这些商品填补着中国经济引擎的巨大需求。中国因此以最低的生产成本成为世界最大的贸易国。

由于巨大的规模经济效应、同类行业的高度聚集、廉价劳动力供应充足和利用巨额国内外资本建立起的高效、现代化生产厂，中国赢得了最低成本生产国的称号。由于商品生产成本的降低和全球产业转移到中国，导致西方世界消费品价格下降，巨额贸易收入使中国流动资金充足，能够将其大量的贸易顺差投资于美国国债，获得廉价商品和廉价信贷的双重收益。这又刺激了外国对中国商品的需求，加强了中国的主导地位，形成一个良性循环。

因此，提及中国，我们谈论的是世界排名第三的经济体（按购买力平价计算，中国排名第二）、近三十年内发展最迅速的经济体、最大的国外直接投资目标国、最大的出口国、第四大股票市场、第三大奢侈品市场（终将成为最大的奢侈品市场）和人口最多的国家。

而中国特定的政治制度具有非凡的政策稳定性，使中国对投资者更具吸引力。在所谓的西方民主国家，为获得竞选优势，政策常发生 180 度转变。在西方国家的大选来临之际，无论你支持哪一方，面临的不是政策僵化，就是政策流产。如果政权更迭，还可能要面对经验匮乏的新政府带来的政策逆转。

在中国就不会这样，在这里，只有具备丰富行政管理经验并经过终身实践考验的人才能够升至高层。这样一来，中国的高层都由具备远见卓识的人组成，他们所关注的是长远之计。这个优势可以从中国政府所提出的大规模基础设施建设中得到证明。从磁悬浮、子弹头、绵延数千公里的高速公路到造价昂贵的庞大的地铁系统，再到大规模的机场建设与扩建，中国政府预见了未来，并在为迎接这个未来进行基础设施建设（这一点在吸引投资的同时提高了中国的竞争力）。中国胜过印度之处就在于印度落后的基础设施和争论不休的政治领导人（他们往往不知道自己能够在位多久）根本无法与中国竞争。领导层具备远见卓识，基础设施先进，这一安排尤其适合于中国的规模大、回报周期长的长期财政支出模式。2007 年 10 月前，中国的核心领导层由八位工程师和一位地质学家组成，现在则由七位工程师、一位地质学家和一位经济学家组成。由于没有大选分散精力，中国可以把资本投入到其他缺乏长远规划的国家所忽视的地方。比如，在大选周期为五年的国家，政府决定进行投资时所考虑的只能是该投资能否在五年内帮助自己保住执政地位。

显然，中国获益于那些富有远见的重大决策。可以预见，未来企业会因这些基础设施的存在而将工厂设在中国，而非设在那些号称先进国家的美国或英国。民主价值是可贵的，但有时民主国家和民主政治体制在现实中的运作方式使民主国家本身（而不是其所代表的民主价值）在商业效率上稍逊一筹。我所知的关于远见的最好的趣闻是对中国总理周恩来的提问。周被问及他个人如何看待 1812 年拿破仑远征莫斯科这一事件以及他的溃败喻示了什么教训，周的回答是：要想完全认识这一事件的深远影响，现在还为时尚早。

现在，这个国家愿意接受你们的投资，乐于让你们从中获益。自 1992 年邓小平意义深远的南方谈话发表以来，他将中国人民从贫穷中拯救出来，他的教导"致富光荣"（中国人春节问候语"恭喜发财"表达了类似的意思）受到了中国人民的热烈欢迎。在此过程中，中国人发明了中国特色社会主义，它在许多方面都比西方资本主义更有效。

现在，全世界面对从中国分得一杯羹的机会，你将如何把握这个机会呢？早在这篇文章开头，我提到关系的培养和了解另一方建立关系的目标的重要性，这是在与我们大相径庭的文化中获得成功的关键因素。这一文化差异十分重要。那些认为能够用西方方式在中国做生意的人注定要失败。

这些文化差异的根源无疑是更广阔的中国社会基本价值观的反映。尽管大多数人多年来一直没有宗教信仰，但两千多年来，中国人始终奉行基于互惠原则的儒家道德准则。

这一点也影响思维方式。中国人倾向关注环境和关系，而西方人则关注具体的细节和抽象范畴。向中国和欧洲小孩分别展示鸡、牛和草的图片，并问他们哪两个是同类的，他们的回答迥然不同。中国小孩会选择牛和草，因为牛吃草；欧洲小孩会选择鸡和牛，因为它们都是动物。

把关系作为商业运作的渠道，这种做法形成了一种极为重要的资本积累形式。这种资本就是关系，一种长期积累起来的复杂关系网。在这个关系网中，参与者互相信任并经常为对方创造利益，以期将来得到回报。这种关系的建立需要时间，这就是为什么在中国取得成功的外国人都有一个共同点，他们在此定居或大部分时间在中国生活。在繁忙的行程以外剩下的闲暇是不足以建立关系的。关系是通过多次互动、多次共享奇怪的食物、多次外出喝酒以及多次醉酒醒来后的后悔建立起来的。建立这种关系非常必要，许多工作不成功的商业人士会因为"一年四次来中国却没得到一份订单"而沮丧，其原因就在于此。这种沮丧感的根源在于他们不懂中国的商业运作方式。如同许多其他地方一样，如果你不入乡随俗，你就不可能成功。如果你没有准备投入必要的时间进行人际关系的投资，你最好不要来中国。

这一做法是十分有明智的。如果你无从确定能否信任一个人，或者不知道在紧要关头这个人会做何反应，为什么还跟他／她做生意呢？关系是相互信任建立起来之前的一种复杂的相互考察对方性格的机制。当然，自从我来到中国并学到了一些中国人的处事方式，我在欧洲的生意中也采用了注重"关系"的方法。在与别人做生意时，花更多的时间与之接触直到我信任他们。这个做法长远看来才有成效，短期之内难收奇效。中国商人常常读《孙子兵法》，其中提到"不知诸侯之谋者，不能豫交"（军争篇第七，或九地篇第十一）这是 2500 年前的大智慧。

而关系，至少其中的一部分来源于孔子的儒家思想。他曾精辟地指出：

> 人之过也，各于其党。观过，斯知仁矣。（里仁第七）
>
> 多闻阙疑，慎言其余，则寡尤。（为政第二）
>
> 譬如为山，未成一篑，止，吾止也；譬如平地，虽覆一篑，进，吾往也。（子罕第九）

这些名言都劝告人们，在建立关系时进展越慢，就越能了解潜在的伙伴。在关系形成过程中，要了解潜在的合作伙伴，确定这个人是否可靠。

与西方人不同，在中国人眼中，合同并非神圣不可侵犯的。这与儒家思想中的互惠观念有关。在西方人看来，一纸合同是一份神圣、不容变更的文件，合同事项范围内一切商业行为都要按照它的规定执行。而在中国，合同只体现双方在签约时的意见，如一方由于某种原因提出更改其中的条款（甚至放弃合同），那么双方应通过谈判达成一个新的合同，以体现新情况下的平等关系。别再想着因为合同的原因起诉，而应该依靠关系减少合同变更所带给自己的损失。公平、客观地讲，如果你的情况有变，中国人也会同意一份有损自身利益的合同帮助你共渡难关。

还有更多的中国商业行为方式可从儒家思想中找到渊源，比如：用事实说话远比明确的行为准则更重要。这点导致与中国人交易中的含蓄性，说出来的话远不及没说的，你不是从言语而是从语境中了解事情的原委。在极少的情况下，中国人会明确表明自己的需求，通常情况下，他们的目的都隐藏起来，从不明确说明。在这种情况下，最有利的做法是不断地倾听。这样做使你有充足的时间了解他们的意图，从而避免典型的西式回应：迅速介入，再根据自己所理解的对方的意图提出一个解决方案。只要稍等片刻，你就会明白问题的根源在哪里，因为你让他们说的时间越长，就越能解开包裹着问题的层层伪装，暴露出问题的本质。这时，也唯有这时，才能提出自己宝贵的西方式解决方案。

如不能成功揭开中国思维方式的秘密，结果是可以预见的，你会一事无成，铩羽而归。马戛尔尼伯爵的经历是有借鉴意义的。他与中国皇帝代表之间的谈判犹如一支冗长的舞曲。在一个又一个宴席上，马戛尔尼伯爵要求面见皇帝，呈上礼物并请求他开放中国市场。中国官员对他的礼物大加赞扬并表示安排与皇帝的会面需要时间。有关的日志和信件表明，双方对宴会上的进展有着截然不同的理解。马戛尔尼伯爵和他的部下们庆祝自己赢得了中国官员的信赖并准备出发前往北京。中国官员则向皇帝汇报他们如何安抚了野蛮人的自尊心并同时给他们设置了障碍。

那么，应该如何解开中国面纱？

1. 尊敬。可以坚持己见，但要始终对对方表现出尊敬。

2. 不要指望回报。在我们看来中国人在商业关系中可谓是相当冷酷。你只能要求自己关心中方的感受，避免片面强调自身利益，却不能指望他们同样如此对你。

3. 要做好准备，中方会直截了当提出不对等的建议。中国商人是不会脸红的。

4. 对中国人来说，结果比绝对真理更重要。要做好准备，他们会让你觉得你需要他们甚于他们需要你。

5. 确定出场策略，但绝不顽固地坚持它。在中国，成功意味着能够灵活地适应他们的条件。

6. 绝不说"不"。始终留有余地，避免对抗性的言辞。

7. 在任何情况下，都不要尝试让你的谈判对象丢脸。不管你的联络人说什么，绝不让这种情形发生。

8. 在争取自己想要的结果时，依赖直觉，而不是线性的分析型思维。

9. 绝不表现出不耐烦，留下再次谈判的可能。你无法催促中国人，不耐烦会被他们当做弱点。

10. 强调你将长期关注中国以及你期望双方都从伙伴关系中获益。明确你所做的贡献，同时承认并强调中方伙伴的贡献。

11. 即使你未能争取到订单，也要建立一个中国办事处表明你在中国长期做生意的决心。

12. 派最好的人手来中国，而不是随便挑一个无名小卒。

别指望这一切会很容易。进入中国的障碍很多：语言文化上存在差异，知识产权保护形同虚设，找到合适的伙伴十分困难，市场数据不足，长期维护"关系"的必要性，地方保护主义，世界贸易组织惯例的采用是渐进的，法律和规章制度不透明、缺乏连续性甚至常常是武断片面的，在惯例、规章的执行、解释、运用上地域性差异巨大。我还未提到将好处留给自己人的做法，因为其他国家如美国、加拿大、墨西哥、西班牙、法国、德国、英国和爱尔兰都这么做，中国当然也不例外。

成功揭开这层面纱之后会怎样？等待你的是惊人的财富，堪比过去那些成功者所获得的财富：就像马可·波罗满载着丝绸和香料英雄一般凯旋、回到威尼斯一样。这个机遇是前所未有的，现在进入中国能够分享中国成长的机会，使自己成为备受青睐的贸易伙伴、交易老手。中国经济中的不平衡将在极具智慧的中国政府的治理下得到纠正，这将不可避免地刺激国内需求，使中国的巨额储蓄（其储蓄率高达50%）得到释放（爱尔兰的储蓄率仅为15%、英国为6%、美国接近零），在市场逻辑的驱动下商品消费额剧增。

那我们如何在一个风俗习惯与我们如此迥然不同的大陆上站稳脚跟呢？你会很惊讶地发现，作为一个爱尔兰人，你享有一定的比较优势。为什么？因为我们对中国不构成威胁，并一直在联合国支持中国的立场。我们不是一个殖民国家，而且还有被殖民的历史，因此没有老牌帝国主义国家的包袱。像英国、德国、法国、美国和日本这些老牌帝国主义国家历史上都曾使中国蒙受巨大的屈辱。爱尔兰地处欧洲大陆边缘，是一个自然资源几乎为零的小岛国，但她却努力克服自然条件的限制，迅速崛起。在他们看来，爱尔兰是一个艺术家和音乐家的国度，孕育了世界上最多的诺贝尔文学奖获得者。所有对爱尔兰有所了解的人，都对我们倾慕有加。而作为一个爱尔兰人的另一个比较优势是，在这里你可以获得爱尔兰政府注重商务工作的强有力外交机构的帮助。这里拥有世界一流的优秀外交人才，我要感谢学识渊博、高效务实的爱尔兰驻华大使戴克澜先生和驻上海总领事欧博仁先生，他们所提供的帮助我将永远铭记在心。他们本人、他们与中国政府高层的密切联系以及他们对中国的深刻了解都将成为那些愿意来中国的人们的巨大财富。他们是如此乐意帮助我们，其他国家的商人根本无法享有可与之比拟的丰富资源。

那么应该从哪些方面着手进入中国呢？答案是："任何方面"。中国是这样一个国度：她的城市数量正以每年新增23个的速度增长，到2020年将达到1500个（其中人口超过百万的城市将达到100个）；中国上海每年新增人口超过都柏林现有的总人口；身价超过十亿美元的富翁有五十人，超过一亿美元的有两千人，超过一千万美元的有三万五千人，超过五百万美元有十五万

第九章　揭开中国的神秘面纱

人；两百万人年均收入超过 5 万美元；在建建筑数目远胜全世界的总和；过去忍饥挨饿、饱受压迫的人民正发展成为一个企业家的民族，在商品、服务领域释放出巨大的购买力。一个正经历如此迅速变革的社会对任何供给的需求都是巨大的——既包括物质商品，也包括智力服务。

想想您在自己国内能够提供的商品或服务。如果爱尔兰人需要它，那么中国人也需要它。您需要做的仅仅是一个决定：从个人认为最舒适的故土中走出来，到中国参与与这个星球上最宏伟的一幕，亲眼见证中国的奇迹。加入我们，加入爱尔兰奶业协会（Bord Bainne），加入老城堡（CRH），加入格兰丁普莱克斯（Glen Dimplex），加入丹尼斯·奥布赖恩（Denis O'Brien）。中国已经成功跨越了其他国家历经数个世纪才达到的时代，她正同时经历着两个转变：从农村经济到城市经济的转变，从计划经济到市场经济的转变。让我们一起见证世界上最伟大的变革吧。

来打开她的壳吧，您会发现中国的确是一颗美丽的珍珠。

图12

　　最先到达中国的三位圣高隆庞传教会牧师：欧文·麦卡波林、约翰·布罗未克和爱德华·葛尔文；罗帕鸿（左起第二位，音译）及其一家

　　摄于1920年6月17日，即圣高隆庞会传教士到达中国的年份。两位少年是其外孙迈克尔和约瑟夫。罗帕鸿是一位商人和杰出的基督徒，于1937年12月30日遭暗杀

　　圣高隆庞会惠允使用本照片

图13

北京大学第十四届毕业典礼音乐节目单（1904年2月10日）
赫德爵士的私人乐队担任伴奏
版权所有：贝尔法斯特女王大学，有关赫德爵士的藏品，M15

Programme.

MUSIC.
Prayer.

MUSIC.
ORATION .... { "Man's Place in the Universe," } . YANG CHEN-KANG.

MUSIC.
ORATION .... { "The Reformation of the Orient the Salvation of the World," } MA T'I-CH'IEN.

MUSIC.
ORATION .... "Jesus the Only Savior,".... TU PU-YUN.

MUSIC.
ORATION........ { "The Characteristic of Greatness," } ..CH'EN WEI-FAN.

MUSIC.
Presentation of Diplomas.
Benediction.

Music by the private band of Sir Robert Hart, BART., G.C.M.G.
Mr. E. E. Encarnacao, Conductor.

图14

　　赫德爵士的铜管乐队， E.E.恩卡纳乔担任乐队指挥
　　版权所有：贝尔法斯特女王大学，有关罗伯特·赫德爵士的藏品，M15

图15

　　上海郊外荷兰风情小镇的标记——木鞋

　　独立记者伯特·范迪吉克惠允使用本照片

第 十 章
中国的城市规划
——大城市及其未来

波琳·伯恩

中国城市化的规模和影响与世界上任何国家都迥然不同。这在很大程度上是中国众多的人口造成的。中国的城市人口超过五亿四千万，比东扩后的欧盟总人口（约四亿九千万）还要多。[1]目前，中国人居住在 661 个大小不等的城市中，其中一百多个都计划将自己的城市建成国际化的大都市或大城市。[2]在未来 20年间，中国的城市人口预计将增加三亿以上，从而城市人口比例可以迅速达到发达国家的水平。我们不妨设想一下相当于整个美国的人口涌向城市的情景。

这里，至关重要的不仅是其所带来的社会变革的事实，而且是这一切发生的速度。实际上，中国将在短短的几十年内实现西方发达国家用三四百年才完成的城市化进程，即从农业社会向工业化社会的转变，进而发展服务业经济。

本文将考察中国中央政府和一些主要城市为促进城市化和经

---

[1]　http://www.epsiplus.net/content/pdf/1849.

[2]　"China's urbanization encounters 'urban disease'"，网址见 www.chinanews.cn (18 November 2005)。

济发展所采取的策略,并将着重讨论中国政府在指导和推动城市发展过程中取得的惊人成就。然而,我们同时必须意识到这些政策的作用在哪些方面、在何种程度上正在达到其极限。最后,将探讨城市化的现状对于认识中国未来发展的启示;随着近年来全球化的发展,这一研究对于认识西方的未来也有借鉴意义。

*   *   *

在社会主义制度下,中国长期实行中央计划经济。从理论上讲,这一体制仍在城市规划领域发挥主导作用。例如,今天,中国全境仍使用统一的城市规划和设计标准——无论是东北最寒冷的省会城市哈尔滨,还是南方广西壮族自治区的热带城市概莫能外。在执行过程中,很少考虑各地的气候特征、地理条件、风俗习惯等方面的差异。在领土面积和美国不相上下的国度中,这一中央计划体制广泛使用。处理时区问题的方式也可反映出中国政府对自身作用的认识:中国只设一个时区,采用北京时间;而美国在本国疆界内设立了四个时区。

将这种计划模式应用于城市发展问题时又会产生怎样的后果呢?

我们不妨先审视一下近年来中国各地区的发展情况。自1978年在邓小平领导下实行改革开放以来,中国开启了迈向完全市场经济体制的转变进程。在这一进程中,经济特区应运而生。这些特区的建设是在中央政府领导下进行的,在经济上取得了巨大成功,深圳、广州、上海等城市的迅速扩张,为中国其他地区的经济和城市发展树立了榜样。

自20世纪90年代以来,中国政府一直致力于通过实施一系列新的地区规划重新制定增长和发展目标,缓解占全国人口94%的东部地区的压力。

其目的在于缩小地区间经济差距,促进各地区的平衡发展,缓和开始显现的社会矛盾。中国促进区域发展的两个主要举措是西部大开发计划和振兴东北计划：前者在 20 世纪 90 年代后期启动，主要面向西南地区的四川等省区；而后者则始于 2003 年，主要面向以沈阳和哈尔滨为中心的东北老工业基地。此外，2004年 3 月中国又面向六个中部最贫困省份实施了中部崛起战略。

尽管中国政府大力实施区域发展政策，然而，随着市场经济机制重要性的增强，中央政府越来越难以单独完成引导经济发展并管理随之出现的城市化进程的任务。例如，1978 年经济改革前，中国政府可通过对人口流动的控制管理城市发展，通过以户口为核心的户籍制度限制未经许可的农民流向城市，今天，北京建筑工地上大量的农民工就是这一流动的结果。

然而，自 1978 年以来，中国政府对城市发展的影响力逐渐减弱。这主要是由于政府本身所推动的市场力量逐步加强的结果。事实上，过去 20 年，以中心城市发展为核心的经济增长导致了户口制度的松动，更多的人可以迁移到国内其他地方工作、生活，尽管他们无法享受当地人的一些权利。这加速了农村人口下降的趋势，使一些农村人口进一步陷于贫困和不利境地，同时也在全国范围内加速了城市的扩张。

*　　　　*　　　　*

1978 年引入市场经济体制前，按照中央政府旧的经济计划模式，由中央计划委员会为每座城市制定经济目标和经济发展战略。当时，各个城市对于本地区的发展方式没有多少发言权。然而，今天，每座城市都确定了自己的未来发展战略和理念。因而，中国的城市必须在一个充满竞争的环境中规划自己的未来：它们一方面要和国内其他城市竞争，另一方面要参与国际竞争。中国城市都在努力为本地区吸引投资。上海和北京的城市发展在哪些方面可以帮助我们理解这样的努力呢？

其中一个答案是"主题城"。今天，西部在中国是一个时髦的概念。在整个中国，主要城市的郊区区域都在推出主题地产开发项目，以西部风情吸引日益增长的中间群体。例如，上海周边地区一些迪斯尼风格的房地产项目以欧洲国家和地区命名，如泰晤士城、荷兰小城、德意志小城、意式小城等。[图15] 这些项目大多名不副实，只是渲染一些精心设计的概念，如德国现代主义、英伦村庄，甚至"古老的乡村酒吧"！尽管这些概念炒作会令西方人皱眉蹙额，但相关的主题开发项目一般都销路很好。概念越吸引人，销路越好！然而，这些小区居民一般不多，空空荡荡，犹如一座鬼城，因为业主购买这些别墅一般意在投资，很少前来居住。

显然，"现实主义"或者任何实际的考虑都与这些以消费为导向的开发项目无关。其他许多新开发项目也包含了这样的奇思异想。在中国的干旱地区，如北京周边地区就不乏这样的例子。尽管北京地区的气候在一年中的大多数时间里与沙漠地区近似，但这里新开发的一些居民区却以"加州约塞米蒂瀑布别墅"等名字命名，并且将温泉引入每座别墅。尽管在拉斯维加斯、迪拜这早已不是新闻，但问题在于，随着人口增长和发展对城市供水形成的压力，中央和地方政府无法满足新富起来的本地人的奇思异想和外国公民的需求。

另一个答案在于城市的专业化。在新城开发中政府采取了市场导向和与产业发展相结合的方式，该方式集中表现为以某些产业群为中心建立新城的发展战略。

为缓解人口快速增长带来的住房压力，上海市政府决定大力发展城市周边的三个主要新城（嘉定—安亭、松江、临港）和一些小城镇。每一座新城重点发展某些关键产业。

例如，临港新城依托城市最东端、毗邻上海的新深水港洋山，人口80万。临港是由德国设计事务所 GMP 规划设计，依城市中心的巨大人工湖——滴水湖而建。在临港的所有宣传材料中，滴水湖都是推销城市理念的一个独特要素，如它代表的生活方式、居住品质、强调休闲胜过劳作的生活品位等。尽管这些已成为宣传主题,一位当地政府官员的看法却颇具代表性:"中国人永远也不会接受西方人的休闲理念。"

此外,这些生态新城开发可能不仅在中国而且在全世界范围内引领城市建设可持续发展的潮流,应对城市化带来的环境冲击。崇明岛的东滩位于长江入海口(上海以北),当地政府正在把这里打造为最大程度融入环境友好型开发理念的新的居住空间[图16]。东滩位于上海周边,短期内将吸引那些能够支付高额环保费用的少数富人前来定居。从长远看,这里将成为新社区建设的样板,并且随着成本的降低,寻常百姓也能入住。

*　　　*　　　*

增强城市竞争力是吸引投资的另一方式。例如,上海将继续充当中国新城市化的中坚力量,该市已确定,到2020年其人口容量将由目前的1800多万扩大到2000万。[①][图17]

就在不久前,上海还是工业城市的代名词,并且强调自身作为重要港口城市的定位。如同世界上许多已走过工业化进程的城市一样,在上海发展制造业的成本已过于昂贵。随着制造业企业撤出上海寻找成本更为低廉的土地和劳动力,这座城市正在积极寻求巩固国际贸易中心地位的途径,增强自身影响力,作为全球大都市参与国际竞争。在25年的时间里,上海已建造了六千座摩天大厦。[②]并迅速从以第一、第二产业为支柱的城市向第三产业、服务业密集型城市发展。新城战略确定了经济发展的六个关键领域,按照国际标准巩固上海的全球大都市地位。

与上海老城区隔黄浦江相望的浦东新区开发见证了这一进程。在过去20年间,浦东从遍地沼泽、泥滩的仓储区崛起为中

121

---

① 吴江(音译),博士、教授,上海市规划局:《上海市城市总体规划 1999—2020年》。

② "Losing Heart and Soul?" *Urban Land*, May 2007, p.24.

国的国际金融中心，多座中国最高的建筑在那里拔地而起。

此外，在中国大城市中，上海有两个引人注目的特点：其一，具有通过保护城市的历史风貌促进旅游业发展的意识；其二，认识到改善投资环境在吸引外资中的重要性。世纪之交，在原法租界区域修建的别墅现已成为许多外国使领馆和顶级薪酬的国际经理人员的居所。新天地就是这一创意的结果，它是在市中心具有历史风貌的旧城区基础上改建而成，成功地吸纳了高档时装店、星巴克和其他国际品牌，因而，对于外籍人士和中国高收入阶层颇具吸引力。重庆、武汉等城市从新天地的成功（可与都柏林圣殿酒吧的受欢迎程度相媲美）中受到启发，纷纷效仿这一做法。① 然而，这些效颦者无法回避的问题是新建筑是否具备历史的真实感。一个成功的模仿需要再现时代的风貌，而全国各地纷纷上马这样的项目时，因缺乏当地历史、环境的根基，就会变得毫无意义。

* * *

这些城市相互竞争，同时也与世界上的同类城市竞争。为增强竞争力，中央和地方规划部门有意识地利用举办大型活动提高中国城市在国际舞台上的影响。这些活动为展示"具有中国特色的开放型经济"（中国对当前市场导向的改革的评价）成果提供了机会。这些活动也为中央政府利用中国城市在全球市场中的影响提供了推动力。以此方式，他们致力于鼓励可持续发展，解决环境问题。环境污染问题如不能得到有效控制，将最终阻碍中国创建世界主要旅游目的地的雄心变为现实。北京的空气污染状况就是一个明显的例证。

北京奥运会的组织者承诺举办一届"绿色奥运"。然而，北

---

① 罗兰·博斯巴赫 (Bosbach Roland),伍德·扎帕塔(Wood Zapata) 建筑事务所设计师，上海新天地项目的设计者。

京是目前世界上污染最严重的城市之一，空气污染程度通常为世界卫生组织规定上限的 2 至 3 倍。为迎接奥运会，许多重工业和发电厂迁出了北京城区；奥运期间，许多企业停产。奥运会的组织者向国际奥委会承诺，在 2008 年 8 月举办奥运会的三周时间内临时关闭工厂，限制该市三百万辆汽车中的三分之一上路，确保北京在此期间有晴朗的蓝天。[1] 面对这些措施，人们不禁再次提出这样的问题：奥运会结束后，长期来看，随着这些措施的取消，情况又将如何？换言之，中国大城市的发展在多大程度上具有可持续性？举例来说，2012 年奥运会主办城市伦敦就设立了奥林匹克遗产理事会，为 2012 年后伦敦东区比赛场馆的可持续利用制定框架规划。[2]

2008 年北京奥运会只是中国主要城市引起全球媒体关注的一个案例。在中国举办的重大活动内容之广泛可以说明这个国家正在积极进取，努力在国际舞台上确立经济强国的地位，发挥全球影响力。这些大型活动包括：上海世博会（2010）、广州亚运会（2010）、上海新 F1 方程式赛车、世界高尔夫球和网球巡回赛中国站及其他体育赛事。所有这些都面临来自发达国家（如爱尔兰）的激烈竞争，在此过程中，发达国家感到自己正在逐渐失去竞争优势。

*　　　　*　　　　*

在这些关于经济和城市发展的极端逻辑的驱动下，环境、社会发展和民生等基本问题有时会被置之不顾。城市是人民的家园。中国所发生的一切值得爱尔兰借鉴。在中国的城市规划中，存在着忽视人民群众需求或者认为这些问题可以随着时间的推移逐步解决的倾向。

① Clifford,Coonan,"Getting Jiggy at the Great Ball of China",*Irish Times*,20 August 2007.

② "In Brief", *Planning*,7 December 2007,p.3.

这些看法也许有其合理之处，也许并非如此。

显而易见，从世界各国实现经济增长的过程看，往往不得不将发展速度置于优先考虑的地位，然后才去考虑环境保护、人民福利等价值观方面的问题。如果人们不知道自己下个月能否养家糊口，谁又会考虑空气污染的长期危害？

中国主要城市大规模拆迁、重新安置时，往往将市中心的居民安置到城郊的房产中。其中的一些经验、教训也值得爱尔兰吸取。通过这样的拆迁安排，许多人第一次用上了自来水、室内卫生间和独立的厨房。然而，与此同时，他们也失去了和原来社区之间的联系——既包括个人经历方面的联系，也包括和长期居住的那部分城市的联系。由于中国的家庭与亲戚之间的联系紧密，特别是要靠老人照看下一代，居住环境的变化带来的负面影响比西方国家要大。

此外，在西方，大规模房地产开发有时会成为社会冲突的定时炸弹。2007年法国巴黎和20世纪80、90年代的伦敦都曾因大规模住房开发导致骚乱。中国应该充分思考自身是否可以从西方经历中吸取教训的问题。

最后，无论是在中国还是爱尔兰，经济发展带来了严重的贫富分化。在中国的大多数城市，第一世界和第三世界的居民区比肩而立，显得格外刺眼。在中国这种差距甚至超过城乡差别，对于年收入不足400美元①的农民而言，在成千上万的宝马和梅塞德斯车充斥街道的城市中生活，其艰辛是显而易见的。然而，促使他们来到城市的动力是获得现金收入的机会。中国从农村向城市转移的劳动力约有两亿人（几乎相当于英国、法国、德国三国人口的总和）。这样，农民工进城构成了中国历史上规模最大的

---

① 2006年估计的数字，见 http://www.china-embassy.org/eng/gyzg/t364350.htm。

人口流动潮。[①] 他们来去无常，给追踪大城市的人口增长情况带来了困难。例如，按官方统计，北京户籍人口为1200万，但按非官方的估算，实际人口可能几乎是上述数字的1.5倍。

中国还有一些其他的紧迫问题可以从西方过去的经验中获得启发。中国城市几乎无一例外地采用美国的城市建设模式，即汽车问题在城市建设中居核心地位。即便在美国的波士顿等城市，人们已在市中心区建设地下公路交通，弥补过去过分注重高速公路的错误；而在中国，大量的高速路正贯穿各个城市，以满足私家车数量的巨大增长和城市扩张的需求。在北京，每天售出的新轿车在1000辆以上。目前，中国人口中私人轿车保有量为2.4%，该数字预计将继续增长，而欧盟国家私人轿车保有量则已高达50%。[②] 如果中国私家车的拥有量接近西方国家的水平，那不仅意味着城市中出现严重的交通堵塞（目前，交通混乱状况已很严重），而且会加剧污染问题。

*　　　　*　　　　*

在过去20年间，中国经历了所谓"浓缩的城市化进程"。这说明中国中央政府实施的政策从整体上看大大减少了贫困现象。该成就在联合国关于"千年发展目标"的报告中得到认可。[③] 然而，今天随着失业问题日益严重，城市贫困人口有上升趋势。观察家们经常评论道，西方人所犯的错误是可以避免的。但中国政府的政策重点是实现"繁荣和进步"，自1989年以来，这一立场不断得到强化。面对主导一切的增长和发展的压力，从西方的错误中吸取教训至少从短期和中期看似乎并非优先考虑的问题，除

---

① "Open Document International Federation of Red Cross and Red Crescent Societies",http://www.reliefweb.int/rw/RWB.NSF/db900SID/HMYT-6S9QGP?.

② "Big Increase in EU Car Ownership",*Sunday Business Post*,15 October 2006.

③ "China Leads Way of Reducing Poverty," 该报告见 www.chinadaily.com.cn/china (9 Ocotober 2007)。

非普通民众意识到经济增长对他们来说意味着过于昂贵的代价。

中国大城市的未来发展如何？正是这些日益崛起的城市的大规划概念，伴随着其成长、繁荣，为获得国内外有限的资源和投资而展开竞争，将给中国带来重要变化。尽管关于中国的媒体报道主要集中在作为经济发动机的东部沿海地区，内陆地区日益增加的中心城市正努力在经济发展中发挥自身的重要作用。它们致力于在国内和国际层面展示自身优势，使自己的城市品牌不致混同于"中国制造"的商标之下，进而实现成为世界知名城市的目标，因而，需要在国内和全球层面展开竞争，吸引投资。

在此前经济特区的成功实践中，实现经济增长的挑战通常使人们对可持续发展的一些基本原则视而不见。在日益崛起的二线城市中，这一挑战的性质已经发生变化。随着政治和经济环境的拓展和竞争的加剧，从长远来看，可持续发展将成为确保城市竞争优势的不可或缺的条件。

综上所述，有关中国城市发展的数字是令人惊讶的。对西方人而言，这些数字是难以理解的，因为对我们而言，二者在规模上根本不具可比性。中国发展的成就令世界许多地区相形见绌①——在城市建筑和基础设施领域，从住房到港口、机场、铁路桥梁、通信及工业基础设施无不如此。

然而，中国可以从其他国家城市建设的成功和失败中吸取许多经验与教训，从而避免由此产生的众多环境和社会问题。这可能已是别无选择。同时，我们可从中国的快速城市化进程中吸取的经验教训是，在某些发展阶段，政府可能会失去对经济发展力量的控制。中国城市发展的实践提出了一个需要解答的问题：随着 1978 年中国中央政府开始为市场要素的力量松绑，其中哪些

---

① Rachel Levitt,"Lost in Discussion:Weak market city potential," *Urban Land,*May 2007,p.16.

变化需要加以引导，哪些变化将不可避免地发生？

但显而易见的是，长期来看，那些最为成功的中国城市都有效地利用了包括人口、土地和自然资源在内的自身的固有优势。然而，城市并非静止的实体，需要不断重新创造、重新界定自己的国内和国际角色。

也许，这就是西方可以从中国吸取的经验。鉴于其城市建设的规模和速度，中国可能不得不比西方更快地找到解决环境问题的新途径，应对其生态系统面临的巨大压力。例如，在中国，人们在城市规划与建设、城市交通、能源生产等领域创造了新模式，使之在可以继续保持超常规的经济增长的同时保护未来的生存环境，而这也正是西方国家目前正在努力实现的目标。

从根本上说，城市建设的规则是普适的，同样适用于中国。城市是人民的城市。如果在建立国际形象和竞争力的努力中忽视人民的诉求，那么城市最终难以成功，社会问题将会显现，过后再去亡羊补牢加以改正代价会过于高昂。

为避免这些代价，西方的城市也需要学习别国的经验。

第十一章
旅居爱尔兰的中国人

吕奥达安·麦克·科梅克

在乔伊斯的短篇小说集《都柏林人》的开篇之作《姐妹》中，年轻的叙事者沿着利菲河以北的大不列颠大街前行，到他最近去世的导师弗林神父家。然后，他看到了那所毗邻布匹店的小房子，门环上系着一个黑纱结成的花束，门上钉着一张卡片，上面写着神父去世的消息。

然后，他转过身，沿着大不列颠大街慢慢前行。他一边走，一边看张贴在商店橱窗上的戏剧广告。在路上，他试图回想起昨晚第一次听说弗林神父去世的消息后所做的梦。他记得梦中有长长的天鹅绒窗帘，一盏摇摇晃晃的古董吊灯。梦中，他还感觉自己漂到了遥远的东方的某个地方，那里的风土人情都很陌生。

《姐妹》是一篇关于"瘫痪"的故事。乔伊斯的主题是19世纪末都柏林小资产阶级天主教徒和他们狭隘的活动空间。毫不夸张地说，中风的弗林神父正是这种"瘫痪"的牺牲品。而从另一层意义上来说，大不列颠大街也不例外，就是在这条街上，这位少年陷入了沉思，回想起梦中自己出逃到理想化的充满异国情调的东方。

乔伊斯笔下的叙事者们在大不列颠大街上就瘫痪和不可

能实现的逃亡沉思冥想。那里就是今天的帕奈尔大街（Parnell Street），它是都柏林现代复兴和重建的标志之一，也是都柏林最具东方色彩的街道之一。

今天，徜徉漫步于帕奈尔大街上，你会发现，这就是唐人街的雏形。在这里，不管是来自北京还是成都的游客都会很快沉浸于与家乡一样熟悉的生活节奏、一样亲切的口音中。走在这条街上，你看到的不是戏剧广告，而是川菜馆、中国的理发店、手机店、网吧和熟食店。在"毛街"（都柏林的中国人对默儿街（Moore Street）的称呼）的拐角处，您可以看到中文版的《大都市》（Cosmo）和《时尚》（Vogue）或是都柏林的三份中文报纸中的一种。而每一份报刊中都刊有在这个新兴社区周边新建的鳞次栉比的豪华商业建筑的广告，这些广告或是关于旅行社、保险公司或是关于现在都柏林地区经营的、规模不断扩大的 300 家中国餐厅中的一部分。

从某种意义上说，市内街道之间的关联具有象征意义，代表着十年来大量移民快速涌入爱尔兰所带来的更大变化。近年来，来自 150 多个国家的人们在这里定居，他们操着不同的语言，使得这个曾因语言单一而出名的国家如今有近 170 种语言。他们的存在给这个原本相对单一的社会带来了大量新的宗教、文化和经验，使得爱尔兰从欧洲一个青年人才流失严重的国度转变为最具国际化、最富吸引力的国家之一。

正如爱尔兰国内关于移民问题的争论是在更大范围的全球背景下展开的，中国移民涌入爱尔兰也是更大的历史进程的一部分。

移民对中国来说并不陌生，而且从某种意义上讲，爱尔兰的中国人正在重现一种历史久远的传统。早在西方探险家抵达东南亚和印度之前几个世纪，中国的商人和佛教徒就完成了这一壮举。正如弗兰克·皮尔克所说，像许多现代国家一样，中国的版图与风貌在某种程度上要归因于人们从一地迁移到另一地的趋向。他写道:"毕竟,中华帝国版图扩张及受其管辖的民族的汉化过程一般是伴随着军事征服、贸易和移民实现的。"①

然而,目前中国移民的激增不仅是对过去趋势的延续。移民问题涉及的人数众多、发展迅猛以及爱尔兰政府控制不力,成为中国近几十年来繁荣而富有活力的新社会发展的产物。②

在爱尔兰,中国人是一个已有几十年历史的成熟移民群体,尽管这个群体一直保持中等规模。所谓的中国"定居者"不过是指那些20世纪50年代经英国来爱尔兰、操着满口粤语的香港人。那时,他们的同胞因战后欧洲餐饮业巨大发展潜力的诱惑来到了爱尔兰。20世纪60年代起,更多的香港人来到北爱尔兰,自此之后,他们一直是当地最大的少数民族族群之一。70年代,随着马来西亚、新加坡和中国台湾留学生及一些专业人员的到来,华人的数量继续增加。即便如此,据认为,这个主要由讲粤语者构成的移民群体只有几千人,而且多数定居在都柏林。

20世纪90年代,随着中国不断融入世界经济体系之中,其移民结构再次发生变化。在新的秩序下,随着高科技领域的国际交流加深,海外游子汇往家乡的血汗钱如今变得不再那么重要,扩大中国企业在国际市场的份额成为优先考虑的新领域。③ 在这个新阶段,留学生扮演了重要角色。

直到20世纪70年代后期,中国主要与苏联开展留学生交换项目,且数量有限。但自70年代末,在邓小平的推动下,有抱负、追求上进的青年学生留学海外的机会成倍增加。在过去15

---

① Frank N.Pieke,"Introduction" in Benton and Pieke (eds),*The Chinese in Europe* (London:Palgrave Macmillan,1998),p.1.

② Pieke.

③ Xiang Biao,"Emigration from China:A sending country perspective" in *International Migration*,vol.41 (3),September 2003,p.27.

年里，支持海外留学已成为中国国家发展战略的政策基点。

因此，欧洲中国留学生的人数迅速增加。截至目前，来自中国大陆的青年留学生已成为爱尔兰人数最多的中国人群体。导致这一变化的原因有二：首先，爱尔兰的官方政策为中国学生的留学道路去除了障碍。例如，2000 年，爱尔兰政府决定允许所有非欧洲学生兼职工作，以补贴其学习费用。其次，这一增长得益于爱尔兰的大学及私立语言学校的积极努力，因为他们将中国新兴的、流动性强的中产阶级视为利润丰厚且永不枯竭的收入来源。

目前中国有数百个西方教育代理机构，它们彼此竞争，以吸引这个新兴市场的子女到国外就读。都柏林商学院多年来一直在努力争取赢得中国申请者的青睐，目前，该学院在中国设有 22 个代理机构，招收中国学生：北京 9 个，上海 5 个，大连 2 个，成都 1 个。这种努力的结果是，在都柏林的一些语言学校，有时整个班都是中国留学生。爱尔兰的大学虽然数量较少，但由于可以向中国留学生收取超过爱尔兰学生三倍以上的学费，故纷纷效仿都柏林商学院的做法。据最近一次人口普查，在 2006 年 4 月，有 11 000 多中国人居住在爱尔兰共和国，是四年前数字的两倍，足以成为爱尔兰国内第七大移民群体。许多人，包括爱尔兰政府和中国大使馆，都相信这个数字会更高。他们绝大多数是居住在城市的单身年轻人。[①]

过去，欧洲华人移民来自毗邻香港和台湾的南部沿海省份，但现在许多人来自中国东北的主要城市以及所谓的"老工业区"。据李岚和理查德·奥利里的报告显示，爱尔兰的中国语言预科生主要来自两个省份：大部分（60%）来自东北的辽宁省，居第二

---

① 在 2006年人口普查中认为自己是中国人的 70%以上是单身，40%处在 15 至 24 岁的年龄段，另有 50%在 25 至 44 岁的年龄段。Census 2006, Central Statistics Office，www.cso.ie.

位的是南方的福建省，占 15%。几乎 90% 的留学生来自中国城市地区，与国内的同龄人相比，这些语言学校的学生有良好的教育背景——几乎一半已在中国取得学位，另一半也获中学学历。①

最近，一篇关于旅居爱尔兰华人的学术论文题目——《凯尔特虎与中华藏龙》②触及了一个十分流行的观点，即旅居爱尔兰的中国人在某种程度上处于封闭状态：虽然他们在经济上成功地融入爱尔兰，但在社会层面的融合却相去甚远。当然，融合是一个界定模糊、富有争议的术语。但最近都柏林大学的研究人员受爱尔兰移民委员会委托进行的一次大规模研究结果表明：这一观点有一定道理。

他们选用一系列政治、经济、社会和文化指标对四个移民群体（立陶宛人、中国人、印度人和尼日利亚人）融入爱尔兰社会的程度进行评估，得出了耐人寻味的结论。第一，中国人在政治和工会活动中的参与率极低。③在这四个群体中，中国人更有可能经常与爱尔兰人呆在一起，但与他们建立亲密关系的可能性并不一定更大。他们参与社会交往的意愿很强，但这一意愿受到下列因素的制约而难以实现：生活压力巨大，存在语言障碍，社会

---

①　Dr Lan Li and Dr Richard O'Leary,"Mainland Chinese Students and Immigrants in Ireland,and their Engagement with Christianity,Churches and Irish Society"（Dublin University Far Eastern Mission,March 2008）.

②　Nicola Yau,"Celtic Tiger,Hidden Dragon:Exploring identity among second generation Chinese in Ireland",*Translocations:Migration and social change*,vol.2,issue 1,Summer 2007,www.translocation.ie.

③　Alice Feldman,Mary Gilmartin,Steven Loyal and Bettina Migge,"Getting On-From Migration to Integration:Chinese,Indian and Luthuanian and Nigerian migrants' experiences in Ireland",published by the Immigrant Council of Ireland,May 2008,p.80.该报告显示，仅有 1% 的中国受访者表示，他们积极投身政治活动，而同样百分比的受访者表示积极参与工会工作。而其他国别组参与工会工作的比例则高于中国人：印度人 7%，立陶宛人 8%，尼日利亚人 25%。

交往空间有限，与爱尔兰人建立紧密的关系存在诸多困难。

李岚和奥利里援引一名大学生的话说："即使一些亲密朋友，谈话也不会涉及很深的话题。谈话内容总是很浅，不像我与中国朋友的谈话那样。"他的话很有代表性，是很多学生想法的真实写照。[1]

从表面上看，中国人在一些方面比其他移民群体更具优势：学校里有爱尔兰同学，工作中每天与爱尔兰同事或者爱尔兰客户打交道。然而，五分之四以上（84.3%）的中国人表示，他们只与中国人合租房子；几乎相同比例（83%）的人称，他们的朋友都是中国人。[2] 因为他们需要学习以保证签证身份的有效性，需要工作来维持生活，所以没有多少时间来做其他事情。一名学生表示，社交生活有多种诠释。"对我来说，社交生活的定义是：尽情享受你的工作带来的乐趣，因为你每周花费大约30—40小时在工作上。所以，如果你喜爱这份工作，这就是你的社交生活。"[3]

另一篇文章援引一位40岁的售货员的话说，中国人在爱尔兰的角色是他们社会参与的一大障碍。"我不能融入爱尔兰社会，"他说，"我永远是为爱尔兰人工作的劳工。"[4]

我们这样尝试着分析中国移民和爱尔兰人之间的关系之后，对另一种关系，即中国移民之间的关系，情况也是如此。至少按同一标准来判断，在爱尔兰共和国和北爱尔兰，出现了不同的发展趋势。

在北爱尔兰，华人福利会是一个由讲粤语的香港人建立的大

---

[1]　Li and O' Leary,p.50.

[2]　Li and O' Leary,p.13.

[3]　Feldman et al.p.127.

[4]　Ying Yun Wang with Dr Rebecca King-O' Riain,"Chinese Students in Ireland" ,Community Profiles Series (Dublin:National Consultative Committee on Racism and Interculturalism,September 2006),p.36.

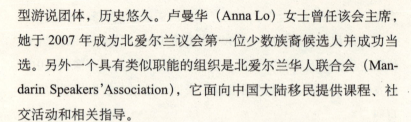
型游说团体，历史悠久。卢曼华（Anna Lo）女士曾任该会主席，她于 2007 年成为北爱尔兰议会第一位少数族裔候选人并成功当选。另外一个具有类似职能的组织是北爱尔兰华人联合会（Mandarin Speakers' Association），它面向中国大陆移民提供课程、社交活动和相关指导。

然而，在爱尔兰共和国，其他主要移民团体已建立了完善的网络化体系，用以代表并联系不同的群体，而中国人在成立自己的团体方面似乎行动较慢。一般来讲，人们会发现中国人缺乏凝聚力，即便建立了自己的组织，一般也规模较小、结构松散，仅仅面向某一特定群体，且往往是地区或行业性团体。例如，中国专业人士协会只代表香港商人的利益，有很多团体汇集来自福建的移民。中国信息中心是在一位年轻的中国移民被害后成立的，这名中国人于 2002 年在都柏林遭一青少年犯罪团伙袭击，被铁棍击中头部身亡。该中心向遇到麻烦的年轻人提供咨询和支持。但这些机构规模小，资金匮乏而且能力有限。语言学校的学生占在爱中国人的大多数，但没有专门的协会组织。

中国人自己也认识到在爱华人如同"一盘散沙"的问题。在一项研究中，只有一半的受访者认为存在爱尔兰华人社区。而当被问及是否认为自己属于这个群体时，只有三分之一的人给出了肯定的答案。[1]

对于这一现象，一种可能的解释是，很多学生只是将其在爱尔兰的居留视为跳板，这段短暂的停留只是为回国后获得更好的就业前景。

都柏林大学孔子学院院长王黎明博士曾先后移民北爱尔兰和爱尔兰共和国，他两年前移居都柏林，之前曾在贝尔法斯特居住过 15 年以上。他指出，在一个像北爱尔兰这样族群严重对立的

---

① Feldman et al.pp.155–156.

社会中，中国人作为一个少数民族群体，更需要凝聚力；而爱尔兰共和国社会环境更为稳定，寻求凝聚力的需求则没有那么强烈。①

这并不是说，中国移民在爱尔兰共和国的经历就一帆风顺、没有困难。事实上，最近的研究表明，中国打工学生的经历比其他许多人更为惨淡。

据一项关于四个移民群体的调查显示，中国移民在工作中遇到的问题种类之多、范围之广高居榜首。中国移民的收入也是最低的——59%的人称其平均年收入低于 14 400 欧元。②

研究人员还发现，中国学生对自身的移民身份一直存在高度焦虑心理。2005 年，爱尔兰政府决定对签证实行更为严格的管理制度，很多人的签证失效，但在没有合法签证的情况下他们仍继续在爱尔兰工作。丧失移民身份会转而产生新的困难，使他们更容易受到歧视；遇到困难时，不太可能向爱尔兰警察、公共机构或教会求助。

甚至来爱尔兰的英语学习者中，也有很多人感到在语言方面进步甚微。一位学生指出了可能导致这种状况的原因："许多（语言）学生，尤其是那些来自福建省的学生，为了能来爱尔兰负债累累。通常他们的父母会借 130 000 元（约相当于 13 000 欧元），然后把这笔钱交给中介，让他们打理好自己孩子出国的所有事情。因此，对于这些学生而言，抵达爱尔兰后的第一件事不是学习英语而是还债。他们非常努力地工作，与五六个人合住一个房间……在这种情况下，他们基本上没有时间用来学习……再加上合住房间的室友们都是本国人，互相之间总是说当地的方言，因此在家很少有机会练习英语。"③

① 作者访谈，2007年11月。
② Feldman et al., p.105.
③ Li and O'Leary, p.47.

金钱，或者说缺乏金钱是所有其他人关注的事情。都柏林大学的李岚博士说，大多数中国大陆的年轻人来爱尔兰是为了最终进入大学学习深造，但他们很快意识到这是一个不可能实现的愿望。她计算了一下，如果中国学生全职工作一年，并维持最低程度的生活消费，他/她所有的结余可能也不足以支付在爱尔兰大学就读一年的学费。爱尔兰大学对外国留学生每年收取的学费高达 15 000 欧元。①

一名 26 岁的语言预科生讲述了她日复一日的工作情况，这对于她的许多同胞来说，并不陌生。

> 我曾经连续两年每周工作 7 天。在这一周里，早上必须 5 点起床，6 点开始工作。6 点到 7 点之间，我为赌场打扫卫生，然后，打扫一个很大的酒吧，其中还包括一家餐厅。中午，我结束工作。从 12:30 到下午 2:30 打扫一间办公室。之后，我回家休息一会儿。然后从下午 4 点至 6 点在一家办公室上班，通常我可以 6 点前下班，晚上 6 点到 10 点在语言学校学习。②

如果事情进展不顺利，没有达成预期目标，回国一向不在他们的选项之内。因为通常情况下，这些独生子女的爱尔兰之旅是整个家族倾其所有才促成的。特别是，如果他们还没有告诉父母自己在这里的真实经历，羞耻心使其难以两手空空地回国。

种族主义对中国移民有哪些影响呢？我们知道，大多数在爱打工的华人学生声称经历过不同形式的种族歧视；漫不经心的侮辱、嘲弄和人身攻击的现象在中国人中并不鲜见。然而，尽管受

---

① 作者访谈，2007年11月。
② 语言预科生的观点，转引自 Wang p.46。

到犯罪行为影响的情况很多，中国人是最沉默的群体之一，他们很少向警察报案。当我向一位中国移民问及原因时，她告诉我，在汉字中，代表政府的"官"字是"一个宝盖、下有两个口"。"普通百姓只有一张嘴，而政府有两张嘴"，她说，"谁会赢？人们不希望与政府有任何牵连。政府的职能是执法，而不是帮助我们的。"

更为糟糕的是，人们普遍缺乏关于权利和补偿的知识。一位语言学校的学生说，刚来爱尔兰时，他和他的同胞在其租住的公寓里养了两只猫，房东发现后将他们赶了出去，让他们无所适从。"我们无家可归，漫无目的地在街上游荡。我们先是在网吧熬了两个晚上，然后在机场凑合了一夜，后来又花了120欧元在酒店住了一晚。"①

各种压力的累积不可避免地导致一种社会孤立感，在与中国学生的对话中，这种孤立感是反复出现的话题。"你要知道，在中国，一般每家只有一个孩子。他们在感情上非常有依赖性。"中国人信息中心的创始人陈敏琪（Katherine Chan-Mullen）女士说，"正是这种文化使得学生们依赖他人，感情脆弱。来到这里后他们很孤独。对他们而言，首要的问题不是金钱上的差距，而是必须学会独立，内心要坚强。"②

20世纪70年代以来，中国政府的政策一直是鼓励"海外华人"有朝一日返回祖国。爱尔兰也希望如此。爱尔兰政府鼓励与支持两国间的移民交流是建立在中国的留学生学成后会回到祖国这一假设的基础之上的。通过接收吃苦耐劳的中国工人，填补服务行业岗位空缺（爱尔兰人不愿从事的又脏又累的工作），同时接收支付全额大学学费的中国学生，爱尔兰获益匪浅。爱尔兰还

① 语言预科生的观点，转引自 Li and O'Leary, p.49。
② 作者访谈，2007年11月。

第十一章 旅居爱尔兰的中国人

认识到吸引众多的中国年轻人来此接受教育无损于与中国这个大国的关系。然而，中国人在爱尔兰的居留只是暂时的这一假设是正确的吗？

各国的有关数据表明，大多数中国留学生在完成学业后不会选择回国。一般来说，他们会在目的国就业，继续升学或移居到其他地方。① 将大量中国留学生送往爱尔兰的这条留学之路最终将通向何方？现在谈论这个问题可能还为时过早，但我们可以断定：他们下一步的决定将会反映出这个群体内部的多样性。很多人会在国外飞黄腾达，然而，很显然，还有另外一些人，他们将不情愿地放弃最初的计划，其最初的雄心壮志已被国外的生活消磨殆尽了。

对于那些曾在大学就读并很可能获得资助和证书的少数人来说，前景是十分诱人的。不过，这对于数以千计的语言学校的学生来说是遥不可及的。他们只能从一份低工资的服务工作换到另一份低工资的服务工作，永远都跳不出这个循环怪圈，大学学位的梦想随之日益变得暗淡。

当然，还有一些人想要留下来。弗兰克·赫兰·索（Frank Heran Suo，音译）是一名 25 岁的学生，他将海外华人与 19 世纪的犹太人相提并论，称大多数人心中都怀揣着希望，期待着有朝一日能回到祖国。然而，弗兰克自 18 岁起就一直生活在这里。7 年后的今天，他坦言自己已经习惯了爱尔兰的生活方式。"当我回到中国，我找不到归属感，"他说，"中国的一切都是如此不同。文化也不一样。虽然他们不认为我是陌生人，但我觉得自己

---

① 尽管中国政府鼓励海外留学生归国，但大多数学生在海外完成学业后未选择回国。在美国，1978年至1999年，中国学生回国率仅为14.1%；在日本，据报道，这个比例为三分之一。而在欧洲，近一半留学生返回中国：在法国，1978年至1999年，回国率为47.6%；在英国，这个比例为46.8%。Frank Laczko,"Understanding Migration between China and Europe" in *International Migration*, Vol.41(3)，September 2003，p.9.

像是一个在中国的陌生人。"①

　　另一些人在去留问题上犹疑不决。"在这个问题上，我感到十分矛盾，"一位经过多年努力终于获得爱尔兰合法地位的母亲说，"我的孩子已取得爱尔兰国籍，所以我们应该给予她爱尔兰式的教育，让她熟悉爱尔兰的生活方式和爱尔兰社会，她应该成为真正的爱尔兰人。但如果我们陪她留在这里，生活对于我们来说，极其枯燥乏味。我们不会讲英语而且无法适应爱尔兰社会。除了去工作，其余时间我们只能呆在家里。我们没有任何的邻居——我们所有的邻居都是爱尔兰人，我们无法与他们进行沟通交流。如果我们决定留下来，原因只会是为了我们的孩子。"②

　　那么，最终留下来的人们的生活又会怎样？他们的后代将获得一种怎样的身份？而这样的新身份将如何促使人们以开放的心态理解爱尔兰民族认同问题呢？对于这些问题，我们可以从第二代华人，即 20 世纪 60 年代定居爱尔兰的香港移民子女的经历中一探究竟。尽管他们可能仍珍视中华文化，但几乎在实际生活的方方面面，无论是在教育阶段还是在青少年时期，无论在道德观念还是言行举止上，他们的经历与大多数爱尔兰青年并无二致。他们是属于爱尔兰的。然而，正如他们中的许多人所感觉到的那样，他们对自己的看法和主流社会的看法还是有出入的。生于爱尔兰华人家庭的露西将自己归为爱尔兰人，但同时，她又感到不安，因为她被认为是中西文化融合的产物，处于二者之间的"中间地带"。他人眼中认定的这种特殊的民族身份一直在困扰、束缚着她。③ 对于一些人来说，结局不外乎是双重疏离中的一种，要么疏远自己的民族，要么疏远自己急切想要融入的社会。

　　总有人试图夸大中国人与西方人之间的差异，将其形象定位

①　作者访谈，2007年11月。
②　转引自 Li and O'Leary,p.51。
③　转引自 Nicola Yau,p.3。

于罗宾·科恩所称的"一些永恒的、难以改变的东方他者",而非将中国的不同经验汇集到人类行为的共同事业中来。① 当然，中爱两国在过去 10 年间的重要接触、交往是否成功最终取决于我们能否避免这种诱惑并将中国人的经验融入到深度和广度不断拓展的共同事业中来。现代爱尔兰正是这样进程的产物。

---

① Robin Cohen,foreword to Chan Kwok-bun,*Migration,Ethnic Relations and Chinese Business* (London:Routledge,2005).

图16

崇明岛，东滩湖
财富控股集团惠允使用本照片

图17

今日上海：中国发展速度最快的特大城市之一
财富控股集团惠允使用本照片

图18

新爱尔兰人庆祝圣帕特里克节，李昊摄

后 记
为纪念中爱建交三十周年而作

爱尔兰驻中华人民共和国大使

戴 克 澜

著名的中国史专家史景迁教授曾写道："毫无疑问，这个国家之所以伟大，原因之一在于她具有吸引和保持其他人关注的能力。"中国从来不乏吸引这样关注的能力。史景迁教授的评论主要是针对多年前欧洲人关于中国的认识做出的，当时空间上的距离和旅行上的困难远比今天更令人望而生畏，欧洲人对于中国的了解也比今天少得多。无论马可·波罗是否真的到过中国，从那个时代起，中国就已成为人们的兴趣所在和心驰神往的地方。

改革开放政策是中国实现巨大经济、社会转型的根本动力。31 年来，国际社会对中国的了解取得了长足进步，随着 2008 年北京奥运会的成功举办，现代中国吸引了整个世界的目光。

然而，值得关注的是中国与外部世界交往的历史源远流长。理查德·巴瑞特在本书中对这一情况作了正确而又颇具说服力的概括：中国不仅处于上升阶段，而且正在追寻自己昔日的辉煌。五百年前，中国在世界贸易中占有相当大的比重。中国的四大发明——指南针、火药、造纸与印刷术加上语言文字是中国高度发达的古代文明的象征。中国人口占世界的五分之一，是联合国安理会常任理事国，目前派出的联合国维和人员数量居五个常任理事国之首。此外，中国是世界第三经济大国，尽管面临当前经济危机的挑战，近年来经济持续高速增长。在全球经济衰退的背景下，中国经济增长及其前景引起了世界各国的强烈兴趣，成为中国在 21 世纪重要全球影响的又一明确例证。

中国仍努力强调自己是一个发展中国家，不断探索实现经济繁荣、造福人民目标的新模式。中国目前正在调整过去十五年的增长模式，强调增加高技术含量的工艺和产品，减少高污染、高排放产业的生产。这些变化本身就有理由引起爱尔兰的极大兴趣：爱尔兰作为一个技术先进的贸易国，正在寻求与中国发展伙伴关系的新领域。

一个叫做"盲人摸象"的古代寓言可以形象地说明理解中国这样一个充满多样性的大国时所面临的挑战。在故事中，四个盲人触摸大象，每人分别私下猜测自己摸到的是什么，但结果都不正确。他们都未能给出正确答案，因为他们只是关注大象的某一部分而没能抓住其整体特征。本书的作者视野开阔，以专家的视角，为我们提供了认识中国的线索。他们虽然分别集中讨论了中国和中爱交往的不同侧面，但同时也使读者获得了关于中国的整体认识。此外，他们不仅共同揭示了双方交往的历史，而且也探讨了中国与爱尔兰之间的共同之处，例如，爱尔兰和中国海外移民的经历（两国海外移民的规模即便不是世界之最，也都名列前茅）。本书的作者讲述了爱尔兰建国前和两国建交前一些爱尔兰人在家族和个人层面与中国发生的联系。一些文章还强调指出，音乐、文学等文化形态是双边关系的重要方面和推动力量；旅居爱尔兰的中国人和身在中国的爱尔兰人所建立的人员联系具有促进双方理解的重要价值；城市化是双方共同面对的机会与挑战；

在商业往来中形成的联系、了解和信任是建立相互理解、相互尊重的最有效方式，也就是中国人经常所说的双赢模式。越来越多的爱尔兰企业家和公司在北京、上海、深圳等地设立机构、开展重要业务。

中爱建交三十年来，两国经济社会取得了长足发展，两国间友好关系日益紧密、成熟。近年来，这一关系不断扩大与深化：政治、贸易关系不断加强，在高等教育、食品、农业、旅游以及金融服务、环境、投资等新领域的交流与合作日益繁荣。同时，在爱尔兰的华人群体不断壮大，充满活力；在中国同样出现了充满活力的爱尔兰群体。

今年也是爱尔兰以中国为核心的亚洲战略制定十周年。该战略在 2005 年经评估后重新启动，已成为爱尔兰致力于在多领域发展两国关系的有效政策框架。近年来，双方实现了一系列高端互访，有力地推动了双边关系的发展。除爱尔兰总统麦卡利斯 2003 年访问中国外，前总理埃亨和现任总理考恩也分别于 2005 年和 2008 年访华，每次随行访问的还有一支庞大的贸易代表团。温家宝总理、黄菊副总理和曾培炎副总理近年来也访问了爱尔兰。此外，两国还进行了多次部长级互访和交流。这些访问的成功和相互理解的增强为今后双边政治和经济关系发展打下了更坚实的基础。

随着双边关系的进一步发展，至关重要的是，我们要从盲人摸象的故事中获得启发，认识到中国作为一个整体的巨大发展潜力。在中国人口众多的内陆省份和那些迅速崛起的二线城市，我们还在致力于增进和保持人们对爱尔兰的了解。这些城市，如成都、武汉、郑州、大连、青岛，人口数量都与爱尔兰相当或更多。越来越多的爱尔兰公司和教育机构也与这些省份和城市建立了合作关系。

各种文化形态是中爱关系的重要载体。两国都在探索实现传统与现代的有机契合点，不仅在日常生活中，而且在文化事务中也是如此。我认为，文化是推动双边政治和贸易关系的重要领域。许多国家都十分重视与中国的关系，爱尔兰拥有的一个得天独厚的条件是，中国政治领导人和商界领袖对爱尔兰在文学、音乐等领域的成就有充分认识并表现出浓厚兴趣。特别是，《大河之舞》在中国取得了巨大成功。令我和我的同事以及所有在华的爱尔兰人深感自豪的是，《大河之舞》入选今年（2009 年——译者注）在中国收视人数巨大的春节晚会，是唯一入选的中国以外的文艺节目。

文化已深入到中国人民的生活之中。我在中国期间，最难忘、最令人感动的是 2008 年下半年访问在四川大地震中损毁的一所小学的经历。这次访问是爱尔兰政府救灾捐赠和爱尔兰小学生赠送画作的后续活动。这群九岁的孩子知晓很多有关爱尔兰的知识，热切地希望了解爱尔兰孩子的兴趣所在。他们还希望详细倾听爱尔兰人关于中国文化的看法。

尽管中国和爱尔兰在地理位置上相距遥远、大小迥异，中国与爱尔兰有着相似的历史经历，面临共同的挑战。这些共同之处引起了中国的兴趣，能够并且的确促进了双方的相互理解。过去四十年中，爱尔兰从地处欧洲边缘的欠发达农业国发展为高科技经济体，在软件和服务业领域具有举世公认的实力。爱尔兰经济社会发展的模式，特别是教育在这一进程中发挥的作用以及通过参与欧洲一体化发挥国际影响，对致力于探索自身经济社会模式的中国而言，具有持久的吸引力。在这一领域双方具有开展互利合作的巨大空间。

在这里，我要向杰鲁莎·麦科马克博士表示由衷的敬意。是她孜孜不倦的工作使这一项目获得成功：她不仅组织完成了托马斯·戴维斯系列广播讲座，而且出版了这部著作。我还要向爱尔兰国家广播公司成功播出关于中国和中爱关系的托马斯·戴维斯系列广播讲座表示祝贺。中国的重要性对所有爱尔兰人而言与日俱增。随着整个世界争相与中国建立联系，我认为，思考中爱两国和两国人民之间关系的丰富内涵和巨大潜力是至关重要的。我相信，本书是朝着这一方向迈出的具有重要价值的一步。我也相信，2009 年是爱尔兰与中华人民共和国建立外交关系 30 周年纪念，本书的出版正当其时。

撰稿人简介

    理查德·巴瑞特（RICHARD BARRETT），财富控股中国的董事长。该集团为爱尔兰首屈一指的房地产公司，专门从事多用途可持续开发项目业务。除爱尔兰外，业务覆盖英国、德国、瑞典、西班牙、俄罗斯和中国等国际市场。巴瑞特拥有经济学、法学学士和研究生学位。他是一位律师，同时担任五家上市公司的董事，其中包括他所创办的在伦敦上市的中国房地产机会公司（CREO），该公司是中国境内最大的西方房地产公司。理查德·巴瑞特也是南京市城市改造委员会委员，并担任美国哈佛大学研究生院城市发展顾问委员会委员。

    波琳·伯恩（PAULINE BYRNE），财富控股集团的战略规划师。波琳曾在中国工作过两年时间，从事在全国范围内推广的大型总体规划和战略规划项目工作。此外，她拥有丰富的爱尔兰和英国工作经验，参与了一系列大规模复杂的开发项目。波琳·伯恩在城市竞争力与城市营销两大领域具有专长。

    帕特里克·科默福德教士（THE REVD CANON PATRICK COMERFORD），神学士、普世神学硕士、爱尔兰古物研究学会院士，都柏林爱尔兰国教会神学院灵性塑造系主任。他还是都柏林大学远东传道委员会前任秘书、现任主席。

陈慧珊（HWEE-SAN TAN），民族音乐学博士。杜伦大学任教一年后，在伦敦大学亚非学院完成博士后研究。陈慧珊博士曾在都柏林大学任讲师三年，目前在伦敦大学金史密斯学院和萨里大学任教，同时担任伦敦大学亚非学院（SOAS）研究、教学助理。她曾发表有关佛教礼仪音乐的文章数篇，最近在中国福建搜集资料准备撰写有关佛教丧葬礼仪和音乐方面的专著。

马啸鸿（SHANE McCAUSLAND），都柏林切斯特比特图书馆收藏部主任及东亚收藏馆馆长。2003 年至 2004 年，他在伦敦大学亚非学院赛恩斯伯里日本艺术与文化研究所任罗伯特和丽莎·赛恩斯伯里研究员。此前，他曾担任该院艺术和考古系讲师。

马啸鸿研究兴趣广泛，涉及中国书法和绘画史、中日艺术交流等领域。2003 年，他在大英博物馆出版社出版了《女史箴图：中国绘画的开山之作》、《顾恺之与女史箴图》（主编）两部著作；2005 年在《艺术公报》（2005 年 12 月）发表了《日本画临摹顾恺之：大英博物馆一幅中国画的日本画摹本》。近来，他重新修订了自己论述中国著名书画大师赵孟頫（1254—1322 年）艺术成就的博士论文（普林斯顿，2000 年），即将由香港大学出版社出版。《日本画笔绘中国浪漫——切斯特比特图书馆藏画狩野山雪作品〈长恨歌〉卷轴》（合著）于 2009 年由斯卡拉出版社出版。目前，他正在筹备 2010 年在都柏林举行的上海博物馆馆藏人物画展览。

吕奥达安·麦克·科梅克 (RUADHÁN MAC CORMAIC)，《爱尔兰时报》记者。2008 年，因一项关于爱尔兰移民和社会变革的项目，他获得了"《爱尔兰时报》道格拉斯·盖齐拜奖"。他毕业于都柏林三一学院、斯特拉斯堡大学和剑桥大学。

杰鲁莎·麦科马克（JERUSHA McCORMACK），美国布兰迪斯大学硕士、博士，在都柏林大学英语学院任教30年，提前退休后前往中国执教。她的研究兴趣集中在1840—1920年间的英美文学和英爱文学，著述4部，涉及奥斯卡·王尔德和他的循环论、艾米莉·狄金森作品、美国"颓废"文学和亨利·詹姆斯。近5年来，她一直担任北京外国语大学英语学院客座教授，并帮助北外成立了中国第一家综合性、跨学科的爱尔兰研究中心。在那里，她还同约翰·布莱尔教授一道为中国研究生撰写了教材，题名《西中文明比照》（*Western Civilization with Chinese Comparisons*）（复旦大学出版社2006年版，第1067页）。目前，他们正在重写该教材，将西方与中国做反向比较，供西方学生学习使用。更名《比较中国与西方》（*Comparing China and the West*）后，该书将于2011年在美国出版。

理查德·奥利里（DR RICHARD O'LEARY），都柏林大学文学士、牛津大学哲学博士，他曾在爱尔兰任政府公务员，现为贝尔法斯特女王大学社会学学院讲师。1987—1988年，作为中爱政府交换奖学金资助的学生首次来华。其出版的著述内容涉及爱尔兰少数民族（包括华人）以及爱尔兰、欧洲和中国的宗教。他是爱尔兰中国研究协会（The Association for Chinese Studies in Ireland）的创始人之一，目前任该协会秘书长。

芬坦·奥图尔（FINTAN O'TOOLE），《爱尔兰时报》助理编辑，曾于2006年任该报驻中国记者。其著述包括：《黑洞、绿卡》、《莎士比亚是很难，不过这就是生活》、《同时回到农场》、《叛徒的吻：理查德·布林斯利·谢里丹的人生》、《白野人：威廉·约翰逊和美国发明》和《1916年起义之〈爱尔兰时报〉之记录》。

布伦丹·帕逊爵士（SIR BRENDAN PARSONS），第七代罗斯伯爵，在艾格隆学院完成中学教育后，获格勒诺布尔大学学士学位、牛津大学硕士学位，在都柏林获法学博士学位。曾供职联合国开发计划署 18 年（1962—1980 年），担任的职务主要包括：联合国现场志愿者项目首任主任、联合国教科文组织驻伊朗代表和联合国驻孟加拉国救灾协调专员。

父亲去世后，布伦丹·帕逊爵士返回爱尔兰接管比尔城堡的遗产，并被任命为政府发展合作咨询委员会委员及海外人员机构董事会成员。随后，他创立了比尔科学与遗产基金会。以该基金会为平台，罗斯伯爵首先完成了"大望远镜"（直到一个世纪前，仍是世界上最大的望远镜）的修复工作；其次建立了爱尔兰科学史中心。他因上述成就被授予都柏林皇家协会荣誉终生会员和爱尔兰工程师学会特别会员称号。罗斯伯爵既是一位坚定的爱国者，又充满强烈的国际主义情怀，一直致力于改变人们对爱尔兰一成不变的过时看法，并因此在传统英爱贵族后裔中成为具有不同寻常影响力的人物。

本书部分术语中英文对照表

A

Acton, Harold 哈罗德·阿克顿

Alexander, William 威廉·亚历山大

Allen, Roland 罗兰·阿伦

Amiot SJ, Rev Joseph-Marie 钱德明神父

Anglican missionaries 英国圣公会传教士

Anhui province 安徽省

Aronowitz, Stanley 斯坦利·阿罗诺维茨

Art of War, The 《孙子兵法》

Asia Strategy (Ireland's) （爱尔兰的）亚洲战略

Asian Games 亚运会

Ayaou 阿姚（音译）

B

Barrett, Richard 理查德·巴瑞特

Beijing (Peking/Peiping) 北京

Beijing Botanic Gardens 北京植物园

Beijing Foreign Studies University 北京外国语大学

Beijing International Studies University 北京第二外国语学院

Beijing Language Institute　北京语言学院

Benedict XV Pope　教皇本尼狄克 15 世

Birr Castle　比尔城堡

Blakeley,Rev Thomas　托马斯·布莱克利神父

Blowick,Fr John　约翰·布罗未克神父

Bonaparte,Napoleon　拿破仑·波拿巴

Booth,Rev Dr Robert　罗伯特·布思医生、神父

Bowsher,Amos　阿莫斯·布舍尔

Boxer Rebellion　义和团运动

brass bands　铜管乐队

Bredon,Robert　裴式楷（原名罗伯特·布莱登）

Brosnan,Pierce　皮尔斯·布鲁斯南

Bruner,Katherine F　凯瑟琳·F.布鲁纳

C

Campbell,James Duncan　金登干

Campbell,Robert　罗伯特·坎贝尔

Canning,Prof　坎宁教授

Canton (Guangzhou)　广州

car ownership　私人汽车保有量

Castiglione,Giuseppe　郎世宁（原名朱塞佩·伽斯底里奥内）

Catherine the Great　叶卡捷琳娜女皇

Champion Trees of Britain and Ireland　《英爱名树录》

Chan-Mullen,Dr Katherine　陈敏琪医生

Chen,John Kuo Wei　陈国伟

Chengde (Hebei province)　（河北省）承德

Chengdu (Sichuan province)　（四川省）成都

Chester Beatty Library,Dublin　爱尔兰都柏林切斯特比特图书馆

Chieftains,The　首长乐队

China Association for International Exchange of Personnel　中国国际人才交流协会

China Christian Council　中国基督教协会

China Inland Mission　中国内地会

Chinese Exclusion Act 1882 (US)　（美国）1882年《排华法案》

Chinese immigrants in Ireland　在爱尔兰的中国移民

Chinese Information Centre　中国人信息中心

Chinese Music　《中国音乐》

Chinese Professionals' Association　中国专业人士协会

Chinese Welfare Association　华人福利会

Christian Brothers　基督教兄弟会

Chuang Tsu (Zhuangzi)　庄子

Chung Hua Sheng Kung Hui (CHSKH) Anglican Church in China　中华圣公会（CHSKH）

Church Mission Society (Hibernian Church Missionary Society/ CMS Ireland)　爱尔兰国教会

Cochin,Charles-Nicholas　查尔斯-尼古拉斯·科善

Cohen,Robin　罗宾·科恩

Confucius　孔子

Confucius Institute (UCD)　（爱尔兰都柏林大学）孔子学院

construction in China　中国建设

'Critic as Artist,The'　《作为艺术家的批评家》

Cua Yuanpei　蔡元培

Cundall,Kit　基特·坎德尔

current account surplus,national　国际收支经常项目顺差

Curtis,Bishop John　约翰·柯蒂斯主教

D

Daley,Thomas　托马斯·戴利

Dalian (Liaoning province)　（辽宁省）大连

Dao De Jing　《道德经》

Daoism　道家

'Decay of Lying,The'　《谎言的衰朽》

democracy　民主

Deng Xiaoping　邓小平

Denison,Thomas Stewart　托马斯·斯图尔特·丹尼森

Ding,Archdeacon (Bishop) Ingong　丁尹公副主教（主教）
　（音译）

'Doer of Good,The'　《行善者》

Dongtan eco city (Shanghai)　（上海）东滩生态城

Dublin Business School　都柏林商学院

Dublin University Far Eastern (Fukien) Mission (DUFEM),*see
　also* Trinity College,Dublin　都柏林大学远东传道委员会
　（DUFEM）；另见，都柏林三一学院

Dubliners　《都柏林人》

du Halde SJ,Rev JB　杜赫德神父

Dufferin,Lord Frederick　弗雷德里克·达弗林勋爵

Dundas,Henry　亨利·邓达斯

Dunhuang caves (Shazhou,Gansu province)　（甘肃省沙洲）
　敦煌石窟

E

East India Company (EIC)　东印度公司（EIC）

economic power　经济实力

Education Forum for Asia　亚洲教育论坛

Elliott,George　乔治·埃利奥特

Empress Dowager　慈禧太后

Encarnaçao,EE　E.E. 恩卡纳乔

Episcopal Church of the United States　美国圣公会

equality　平等

ethnicity　种族

European Commission　欧盟委员会

F

Fairbank,John K　费正清

Fan Institute of Biology　静生生物调查所

Far East,The　《远东》

Fee,Deirdre　迪尔德丽·菲

Flora Birrensis　《比尔庄园花木绘画作品展》

foreign exchange reserves　外汇储备

Fortnightly Review　《评论双周刊》

Fraser,Fr James O　詹姆斯·奥·弗雷泽神父

freedom　自由

Fude,General　清朝将领富德

Fujian (Fukien) province　福建省

Fukien Memories　《福建回忆》

Fuzhou　（福建省）福州

G

Galvin,Fr (later Bishop) Edward   爱德华·葛尔文神父（后为主教）

George III   乔治三世

Gheradini SJ,Rev   切拉蒂尼神父

Giles,Herbert A   翟理斯

Gilliland,Rev Desmond   德斯蒙德·吉利兰神父

Gillray,James   詹姆斯·吉尔雷

Gong,Prince Yixin   恭亲王，奕訢

Gong Pusheng,Ambassador   龚普生大使

Gower,Capt Sir Erasmus   舰长伊拉斯马斯·高厄爵士

Grundy,Mrs   格兰迪老太太

Guangzhou (Canton)   广州

H

Hadden,Dr George   乔治·哈登医生

Hadden,Dr Helen   海伦·哈登医生

Hadden,Dr Richard   理查德·哈登医生

Half and Half   《一半一半》

Hangzhou (Hangchow,Zhejiang province)   （浙江省）杭州

Hankou (now part of Wuhan,Hubei province)   （现湖北省武汉市一部分）汉口

Hanyang (now part of Wuhan,Hubei province)   （现湖北省武汉一部分）汉阳

Harbin (Heilongjiang province)   （黑龙江省）哈尔滨

Harper's Weekly   《哈勃周刊》

Harrigan,Edward   爱德华·哈里根

Hart,Hester,(Hessie) (Bredon)   赫丝特·赫德（赫丝）（布莱

登)

Hart,Sir Robert　罗伯特·赫德爵士

Henry,Augustine　奥古斯丁·亨利

Hickey,Thomas　托马斯·希基

Hind,Bishop John　约翰·欣德主教

Hogan,Edmund　埃德蒙·霍根

Hong Kong　香港

Hong Kong and Shanghai Bank (HSBC)　汇丰银行（HSBC）

Hu,Prof HH　胡先骕教授

Hughes,Patrick J　帕特里克·J．休斯

hukou household registration system　户籍制度

human rights　人权

I

Ichang (Yichang,Hubei province)　（湖北省）宜昌

Icones Plantarium Sinicarium　《中国植物图谱》

IIA investment consultancy　爱尔兰投资咨询公司

Immigrant Council of Ireland　爱尔兰移民委员会

infrastructural development　基础设施建设

Institutes of Botany,Beijing and Guangzhou (Canton)　（中科院）植物研究所（北京、广州）

integration,immigrant　移民融入

international Chinese music conference,Dublin 2007　中国音乐国际研讨会，都柏林，2007

international trade,Chinese participation in　国际贸易，中国人参与其中

Irish Network China (INC)　爱尔兰中国网络（INC）

Irish Studies Programme　爱尔兰研究项目

J

Jackson,Thomas　昃臣（原名托马斯·杰克逊）

Japanese invasion　日本侵略

Jehol (Chengde)　热河（承德）

Jen,Gish　任碧莲

Jesuit missionaries　耶稣会传教士

Jesus of Nazareth　拿撒勒的耶稣

Jiading-Anting (Shanghai)　嘉定-安亭（上海）

John Chinaman in New York　《中国佬约翰在纽约》

Johnson,James　詹姆斯·约翰逊

Jordan,Sir John Newell　朱迩典爵士（原名约翰·纽厄尔·乔
丹爵士）

Jorgensen,Patricia　帕特西亚·乔根森

Joyce,James　詹姆斯·乔伊斯

Joyce,Patrick　帕特里克·乔伊斯

K

Kangxi,Emperor　康熙皇帝

Kearney,Denis　丹尼斯·科尔尼

Kelleher,Ambassador Declan　戴克澜大使

Kelley,Mayor John　约翰·凯利市长

Kennedy,Mike　麦克·肯尼迪

Keppler,Joseph　约瑟夫·开普勒

Killeen,Edward　爱德华·基林

Khubilai (Khublai) Khan　忽必烈可汗

Kingdon-Ward,Francis (Frank)　华金栋（原名弗朗西斯［弗
兰克］·金登-沃德）

Kirkpatrick,Jeanne　珍妮·柯克帕特里克

Kunming (Yunnan province)　（云南省）昆明

L

labelled melodies (*qupai*)　曲牌

Laborde SJ,Rev JB　拉波德神父

Lady Windermere's Fan　《温德米尔夫人的扇子》

Lan Li,Dr　李岚博士

language students　语言预科生

Laozi (Lao-Tsu)　老子

Le Bas,Jacques-Philippe　雅克-菲利普·勒·巴斯

Li Tianmin　李天民（音译）

Liaoning province　辽宁省

Lin,Anna　林安娜（音译）

Lingang (Shanghai)　（上海）临港

Lo,Anna　卢曼华

London Missionary Society　基督教伦敦传教会

Lyle,Rev Robert Knox　罗伯特·诺克斯·莱尔牧师

Lyons,Harry Agar　哈利·阿加尔·莱昂

M

Macartney,George Earl　乔治·马戛尔尼伯爵

McCarthy,Fr Edward　爱德华·麦卡锡神父

McCormack,Dr Jerusha　杰鲁莎·麦科马克博士

Mackintosh,Capt William　威廉·麦金托什船长

McNamara,Fred　弗雷德·麦克纳马拉

Macao　澳门

Malcolm,David　大卫·马尔科姆

Maloney,Paddy　帕迪·马龙尼

Mandarin Speakers' Association　北爱尔兰华人联合会

Mann,Thomas　托马斯·曼

Marco Millions　《马可百万》

Marco Polo　马可·波罗

Maritime Customs Service　海关

May Fourth Movement 1919　1919年五四运动

Maynooth Mission to China (Missionary Society of St Colum-
ban)　梅努斯中国传教会（圣高隆庞传教会）

Maze, Frederick William　梅乐和（原名弗雷德里克·威廉·麦
兹）

Maze,James　詹姆斯·麦兹

Methodist missionaries　卫理公会传教士

Migration policies,internal　国内移民政策

Millennium Development Goals　千年发展目标

Missionary Sisters of St Columban　圣高隆庞修女圣公会

Missionary Society of St Columban (Maynooth Mission to
China)　圣高隆庞圣公会（梅努斯中国传教会）

Molihua (Jasmine Flower) folk song　民歌《茉莉花》

Moloney,Lady Frances (Sr Mary Patrick)　弗朗西斯·慕洛妮
修女（玛丽·帕特里克修女）

Molony,Bishop Herbert James　赫伯特·詹姆斯·莫洛尼主
教

Montgomery,Hugh　休·蒙哥马利

Morrison,Robert　罗伯特·莫里森

Moryson,Fynes　费恩斯·摩利逊

Mulligans' Silver Wedding,The　《默利根的银婚》

本书部分术语中英文对照表

N

Nast,Thomas　托马斯·纳斯特

National Botanic Gardens,Glasnevin　（爱尔兰）格拉思内文
国家植物园

National Christian Council　中华全国基督教协进会

National College (now Shanghai Conservatory) of Music　国
立音乐学院（现上海音乐学院）

Neeson,Liam　连姆·尼森

Nelson,Dr EC　E.C.纳尔逊博士

Nestorian Christians　（基督徒）聂斯脱利派

New York Sun　《纽约太阳报》

New York Times　《纽约时报》

Nietzsche,Friedrich　弗里德里希·尼采

Ningpo (Ningbo)　宁波

Northern Ireland immigration　北爱尔兰移民

O

O'Brien,Consul　欧博仁领事

O'Conor,Nicholas　欧格讷

O'Donnell,CC　C.C.奥·唐奈

O'Hearn,Claudine Chiawei　克劳迪·恰韦·奥赫恩

O'Leary,Fr Joseph　约瑟夫·奥利里神父

O'Leary,Richard　理查德·奥利里

Olympic Games 2008　2008年奥运会

O'Mealia,Leo　利奥·奥米利亚

One-Child Policy　独生子女政策

O'Neill,Eugene　尤金·奥尼尔

Opium Wars　鸦片战争

O'Reilly,Fr Patrick　帕特里克·奥赖利神父

P

Pantoja,Rev　庞迪我神父

Parish,Capt　巴瑞斯船长

Parnell Street,Dublin　都柏林帕奈尔大街

Parsons,Charles,*see also* Earls of Rosse　查尔斯·帕逊；另见，罗斯伯爵

Parsons,Desmond,*see also* Earls of Rosse　德斯蒙德·帕逊；另见，罗斯伯爵

Parsons,Michael,*see also* Earls of Rosse　迈克尔·帕逊；另见，罗斯伯爵

Parsons,Patrick,*see also* Earls of Rosse　帕特里克·帕逊；另见，罗斯伯爵

Parsons,William,*see also* Earls of Rosse　威廉·帕逊，另见，罗斯伯爵

Pasty O'Wang:an Irish Farce with a Chinese Mix-up　《馅饼王奥：一个混有中国血统的爱尔兰人》

Pedrini CM,Rev Teodorico　特奥多里科·贝德里格神父

Peking (Beijing)　北京

Peking University　北京大学

Pereira SJ,Rev Thomas　徐日升神父（原名托马斯·佩雷拉）

Picture of Dorian Cray　《道林·格雷的画像》

Pieke,Frank　弗兰克·皮尔克

Pipa　琵琶

Pitt the Younger,William　小威廉·皮特

population　人口

Presbyterian missionaries　长老会传教士

Proctor,Rev William　威廉·普罗克特神父

Prospect of Irish Flowers　《爱尔兰花卉博览》

Pu Ru,Prince　溥儒亲王

Puck　《泼克》

Pudong (Shanghai)　（上海）浦东

Purser,Prof　珀斯教授

Q

Qianlong,Emperor　乾隆皇帝

qin zither　琴

Qing dynasty　清朝

Qingdao (Shandong province)　（山东省）青岛

Quarterly Review　《季刊评论》

qupai labelled melodies　曲牌

R

racism　种族主义

Radio Telefís Éireann (RTÉ)　爱尔兰国家广播公司 （RTÉ）

Red Tree Trail of Fifty Trees of Distinction　《五十名树红皮
　书》

Reform and Opening Up policy　改革开放政策

regionalisation policy　区域发展政策

relationships (*guangxi*),forming　建立关系

Riverdance　《大河之舞》

Rohmer,Sax (Arthur Wand)　萨克斯·罗默 （阿瑟·沃德）

Rosse,Earls of,*see also* Parsons　罗斯伯爵；另见，帕逊

Royal Botanical Gardens,Kew　（英国）皇家植物园邱园

Russell,(Bishop) William Armstrong　威廉·阿姆斯特朗·罗

素（主教）

S

St Patrick's College,Maynooth　梅努斯圣帕特里克学院

Second Vatican Council　第二次梵蒂冈会议

Seraphim Falls　《天使降临》

Sha Hailin,Ambassador　沙海林大使

Shanghai　上海

Shaw,Mike　迈克·肖

Shenyang (Liaoning province)　（辽宁省）沈阳

Shenzhen (Guangdong province)　（广东省）深圳

Sichuan (Szechuan) province　四川省

Sichuan (Szechuan) Earthquake 2008　2008 年汶川大地震

Sing,Archdeacon Tsae-Seng　邢采生副主教（音译）

'Sisters,The'　《姐妹》

sizhu (silk and bamboo)ensemble　丝竹演奏

Smith,Richard J　理查德·J．史密斯

Society for the Propagation of the Gospel　英国福音传播会

Songjiang（Shanghai）　（上海）松江

'Soul of Man under Socialism,The'　《社会主义制度下人的
灵魂》

Special Economic Zones　经济特区

Spence,Jonathan　史景迁

Spencer,Edmund　埃德蒙·斯宾塞

Staunton,Sir George　乔治·斯当东爵士

Stoics,the　斯多噶学派

student immigration　留学生

Suo,Frank Heran　弗兰克·赫兰·索

Sullivan,Mike　迈克·沙利文

Sun Yat-sen　孙中山

Sun Youzhong,Prof　孙有中教授

Sunzi (SunTzu)　孙子

T

Taiping Rebellion　太平天国

Taiwan　台湾

Tang Yu dan　唐宇丹

theming towns　主题城

Thoughts on the Moral Order of Nature　《对自然道德秩序的
　思考》

Three-Self Patriotic Movement　中国基督教三自爱国运动

Tianjin (Tientsin)　天津

Times,The　《泰晤士报》

Tibet　西藏

Trinity College, Dublin,*see also* Dublin University　都柏林三一
　学院；另见，都柏林大学

Trinity College,Fuzhou　福州圣三一学校

Turaudot　《图兰朵》

Twain,Mark　马克·吐温

Tweed,William Marcy (Boss)　（政党领袖）威廉·梅西·特
　威德

U

United Nations Declaration of Human Rights　联合国《世界
　人权宣言》

United Nations Development Programme (UNDP)　联合国开

发计划署（UNDP）

United Nations Millennium Development Goals 联合国千年
发展目标

United Nations peacekeeping operations 联合国维和行动

United Nations Security Council 联合国安理会

urban growth 城市发展

V

Vallancey Charles 查尔斯·瓦兰斯

van Aalst,JA 阿里嗣

Venn,Henry 亨利·樊

View of the Present State of Ireland,A 《爱尔兰现状检视》

Vincentian missionaries 法国遣使会传教士

W

Wang,Dr Liming 王黎明博士

Waring,Thomas 托马斯·韦林

water shortage 水资源短缺

Weir,Dr Jack 杰克·维尔医生

Wilde,Oscar 奥斯卡·王尔德

Winter,Anna Maria 安娜·玛丽亚·温特

Wolfe,Dr Sally 萨莉·沃尔夫医生

World Expo 世博会

World Trade Organisation (WTO) 世界贸易组织（WTO）

Wright,Stanley 魏尔特（原名斯坦利·赖特）

Wuhan (Hubei province) （湖北省）武汉

X

xia zi mo xiang story "盲人摸象"的故事

Xi Yangyang (Full of Joy) 《喜洋洋》

Xintiandi (Shanghai) （上海）新天地

Y

Yangtze River 长江

Yanji International Tourism Conference 延吉国际旅游大会

Yankee Notions 《美国佬理念》

Young China movement "五四"青年运动

Yu,TT 俞德浚

Yuanmingyuan (Old Summer Palace) 圆明园（旧夏宫）

Yunnan 云南

Z

Zhang Xinsen,Ambassador 张鑫森大使

Zhejiang (Chekiang) province 浙江省

Zhengsheng orthodox sounds 正声

Zhengzhou (Henan province) （河南省）郑州

Zhongguo (Middle Kingdom) 中国

Zhou Enlai 周恩来

Zhoushan 舟山

Zhuangzi (Chuang Tzu or Chuang Tsu) 庄子

Zongli Yamen (Department of Foreign Affairs) 总理衙门（清
朝外交部）

责任编辑:崔继新
封面设计:徐　晖
版式设计:程凤琴
责任校对:王　惠

图书在版编目(CIP)数据

爱尔兰人与中国/杰鲁莎·麦科马克 主编　王展鹏、吴文安等 译,
　王展鹏 校. -北京:人民出版社,2010.9
ISBN 978 - 7 - 01 - 009194 - 5

Ⅰ.①爱…　Ⅱ.①麦…②王…　Ⅲ.①中外关系-国际关系史-
　爱尔兰-文集　Ⅳ.①D829.562-53

中国版本图书馆 CIP 数据核字(2010)第 159516 号

爱尔兰人与中国
AIERLAN REN YU ZHONGGUO

杰鲁莎·麦科马克 主编　王展鹏、吴文安等 译　王展鹏 校

人民大版社 出版发行
(100706　北京朝阳门内大街 166 号)

环球印刷(北京)有限公司印刷　新华书店经销

2010 年 9 月第 1 版　2010 年 9 月北京第 1 次印刷
开本:710 毫米×1000 毫米 1/16　印张:11.5　彩插:7
字数:150 千字　印数:0,001-3,000 册

ISBN 978 - 7 - 01 - 009194 - 5　定价:35.00 元

邮购地址 100706　北京朝阳门内大街 166 号
人民东方图书销售中心　电话 (010)65250042　65289539

CHINA AND THE IRISH

First published 2009

By New Island

2 Brookside

Dundrum Road

Dublin 14

Copyright ©️ RTÉ

本书由爱尔兰国家广播公司通过爱尔兰驻华使馆授权,人民出版社独家出版

图字:01－2010－5035 号